北方民族大学民族学双一流学科经费资助

人类学视野下西部地区
传统村落发展研究

王宏涛 ◎ 著

人民出版社

目　　录

图表目录

导　　言

　　发展问题一直是人类社会所面对的永恒话题。进入 21 世纪后，中央先后提出构建社会主义和谐社会、全面建成小康社会等目标，推进社会主义新农村建设，制定一系列扶贫开发新政策新举措，并对扶贫工作重点与瞄准对象作出重大调整，把中西部地区作为扶贫工作重点区域，在 592 个国家扶贫工作重点县的基础上，选定 15 万个贫困村作为扶贫对象，实施参与式"整村推进"扶贫①。党的十八大以来，中国的扶贫实践进入到攻坚克难历史新阶段，着手实施世界减贫史上最大规模的减贫计划，即利用 5 年时间（2016—2020）彻底解决 4335 万农村人口的脱贫问题，确保到 2020 年中国现行标准下农村人口实现脱

---

① 中华人民共和国国务院新闻办公室：《人类减贫的中国实践》，《农村工作通讯》2021 年第 8 期，第 13 页。

贫，解决区域性整体贫困。国家统计局 2018 年 2 月 1 日发布的数据显示，据对全国 31 个省区市 16 万户居民家庭的抽样调查，按现行国家农村贫困标准测算，2017 年末，全国农村贫困人口 3046 万人，比上年末减少 1289 万人[①]。剩下的这 3046 万人口主要集中在西北、西南和青藏的高寒山区，即贫困的主要原因是由于自然环境恶劣造成的，西北缺水的黄土高原区和耕地稀少、水土流失严重的秦巴山区，西南缺土的石漠化山区，并表现出越来越明显的地缘性特征。在解决这些地区区域性经济发展的问题之前，当务之急是解决这些地区贫困人口的基本生存问题。2018 年，国家扶贫力度的明显加大，中央财政补助地方资金规模 1086.95 亿元，西部地区贫困人口规模缩小至 1660 万人。到 2019 年底，全国贫困发生率由 2010 年的 17.2% 降为 2019 年的 0.6%，贫困人口迅速锐减至 551 万人[②]，且分布呈现出点状式分散化趋势，贫困县迅速由 2018 年的 1660 个减少到 2019 年的 52 个，同时更加集中于深度贫困的贫困村而不是整个贫困县。截至 2020 年底，全国累计选派 25.5 万个驻村工作队、300 多万名第一书记和驻村干部，同近 200 万名乡镇干部和数百万村干部

[①] 张翼：《2017 年末我国农村贫困人口减少到 3046 万人》，《光明日报》2018 年 2 月 2 日。

[②] 史志乐、张琦：《中国共产党领导人民摆脱贫困的百年实践探索》，《中国浦东干部学院学报》2021 年第 1 期，第 44 页。

并肩奋战在扶贫一线，① 如期完成减贫计划目标任务，在现行标准下农村贫困人口全部脱贫，贫困县全部摘帽，贫困村全部退出贫困序列，区域性整体贫困得以解决，完成了消除绝对贫困的历史性任务。

在脱贫攻坚肩负的使命完成后，2021 年中央 1 号文件提出，2021 年的重点任务是实现巩固拓展脱贫攻坚成果同乡村振兴有效衔接。乡村振兴是脱贫攻坚的文化价值转变和组织规则重组的进一步发展，对脱贫攻坚具有很强的内在承接性和递进性，两者之间具有系统的逻辑性和高度的耦合性在内的战略互动关系。要实现乡村振兴的战略目标，要与脱贫攻坚战略精准衔接。在西部地区，已经实现了整村脱贫，生产生活条件也有较大改善，探讨如何实施乡村振兴实践的长远规划也就具有了重大的理论意义和现实意义。因此，对于西部地区来说，为乡村振兴助推乡村人口可持续发展，也为对中国的西部地区持续发展问题进行深入持久的深度研究，本书选择宁夏回族自治区固原市原州区一个传统村落，作为田野点进行个案研究，为探索 2021 年后实现乡村振兴的战略目标和策略方面，提供发展话语体系构建可选择的理论探索的一条进路。

宁夏回族自治区集民族地区和革命老区的发展特点于一体，因而关注这一地区的发展问题，认识其持续发展的复杂性与多维

---

① 　陆益龙：《精准衔接：乡村振兴的有效实现机制》，《江苏社会科学》2021 年第 4 期，第 40 页。

性，对于探讨有效的乡村振兴开发实践路径，并对当前民族地区的发展理论进行深入探讨都是十分重要和必要的。宁夏回族自治区固原市（2002 年 7 月撤地设市）位于自治区的南部，现辖西吉、隆德、彭阳、泾源、原州区共 4 县 1 区。从区位上看，固原地区自古以来就是中原农耕文化、草原游牧文化的交汇处，是关中地区通往河西走廊的重要关口，位于古丝绸之路东段北道的重要节点，西接河西，北穿大漠，东达关中，南入巴蜀，是西去兰州、东往西安、北抵银川、南去汉中的交通枢纽。因此，人文环境具有明显的多元性和复杂性特征。固原市原州区是固原市委、市政府所在地，是固原市政治、经济、文化中心，是一个主要靠农业经济发展的欠发达地区。全区总面积 2739.01 平方公里，辖 7 镇 4 乡 3 个街道办事处，153 个行政村 34 个居委会，1013 个自然村。2020 年 5 个贫困县（区）全部摘帽，624 个贫困村全部出列，26.7 万农村贫困人口全部脱贫，消除了市域绝对贫困和整体贫困。"两不愁三保障"全部达标，安全饮水全普及，行政村"两通"全覆盖，14.6 万人通过产业实现脱贫，有劳动能力的建档立卡户都有 1—2 个稳定增收致富产业，1 万多人实现家门口就业，农村常住居民人均可支配收入由 2015 年的 7002 元增加到 11950.7 元。2021 年聚焦固原市原州、隆德、泾源、彭阳巩固提升，乡村振兴应变局、开新局，更加需要久久为功，着眼常态长效，使人民对美好生活的向往有了切实的制度保证，让发展成果惠及最广大西部山区人民群众。

当年，毛泽东率领红军经过固原六盘山时，提出了"今日长缨在手，何时缚住苍龙"的疑问。今天，乡村振兴主要关注在农民收入提高，尤其是农民物质生活的改善。发展问题有些是由村民的观念落后，农村地区的自然环境恶劣、生产力不发达等诸多因素造成的恶果，是一种综合性的社会顽症。而促进发展是帮助农村落后地区乡村振兴的重要手段，是为了提高农民的物质生活水平而实施的社会工程，其指向与最终目标一致，即使农村实现振兴和现代化。这使得对发展的研究有着对历史文化走向的观照与文化相对主义态度，进而能深入挖掘发展话语背后的历史文化渊源和对社会文化的深远影响。

在认识整个中国社会结构和解决人类行为关系问题上，费孝通先生一生的学术追求都是围绕"志在富民"这个宗旨展开的。费孝通先生的村落研究从以《江村经济》"无心插柳"式民族志探究到"以理论为经，以叙事为纬"带着疑问和假设，试图贯彻类型比较研究方法的《禄村农田》，通过对不同类型的村落实地调查方法，去认识整个乡土社会，进而达成呈现中国社会结构总体形态的目标。不同于江村靠近都市，深受现代工商业影响，蚕丝手工业较为发达，生计方式不全仰赖农业，禄村地处云南边陲，处于内地农村在工商业欠发达背景下，仍以农业为主要产业。费孝通先生认为，可以打破传统的必须由低阶段的农业到高层级的工商业依次发展"铁律",江村现在的经济生活发展不一定是禄村社会转变的未来,从江村经济到禄村农田,要"探索出一个从个别逐步进入一般的具体方法"。① 自然科学的试验在相同条件下可以重复相同的结果,社会科学的试验是社会事实会因时因地随时发生改变。

20世纪80年代,费孝通先生倡导民族地区人文生态研究,在《边区开发与社会调查》一书中,针对赤峰游牧生态失衡问题,探究人文因素和生态环境之间的关系,区分游牧生态灵活精巧平衡和农耕生态持久稳固平衡的资源利用关系和生态系统性质差异,指出在实践中以农业思维指导牧业生产,忽视地方民族文化传统,造成生态恶化②。尹绍亭(1988)发表《试论当代的刀耕火种——兼论人与自然的关系》及以后的一系列相关研究,所探讨的是:"刀耕火种的生态学性质及其所反映的人与自然的关系","刀耕火种"从人类学视角切入少数民族地区特殊农业生态系统中的发展问题,解释了作为一种生计方式和文化类型,有其适应自身的逻辑轨迹和生态价值。③ 廖洋的《民族地区贫困村寨参与式发展的人类学考察——以广西龙胜龙脊壮寨旅游开发中的

① 费孝通:《〈云南三村〉序》,社会科学文献出版社2006年版。
② 费孝通:《边区开发与社会调查》,天津人民出版社1987年版。
③ 尹绍亭:《试论当代的刀耕火种——兼论人与自然的关系》,《农业考古》1990年第1期,第11—19页。

社区为个案》，文章认为贫困村的整体贫困制约着龙脊村民自主
参与古壮寨的旅游开发，参与积极性不高，非物质民族文化传统
展示较少，解决的路径是延伸乡村生态旅游产业链，就地消化农
闲时的富裕劳动力，提升自主发展能力，促进经济发展与文化传
承的良性互动，现代生产与传统技术的有机结合，全球化文化协
商与地方性传统生态知识的和谐共生。①

　　以上文献研究的具体观点在文化层面和社会环境层面进行了
解读，而一些与发展问题相关的话题，比如社会不平等、生计边
缘化、暴力等问题，会提供一些多元视角来丰富文献的内容。发
展问题全球治理复杂性的面向，正是人类文化多样性的体现。将
人类学所倡导的功能主义、结构主义、整体论、地方性知识理论
运用到国内人类学发展问题研究中，仍有一个本土适用和应用的
问题。从总体上看，国内发展问题研究主要是对发展的状况构
成、生成机理、评价体系，在制度、政策、路径选择上，在资源
配置、保证、建构主体等问题上研究成果丰硕，在消除发展对策
方面，有深入的结构分析。中国发展理论的研究成果，本土化理
论、实践性强，获取真实数据资料基础上的充分的田野调查研究
在增多。西方人类学发展理论产生的土壤与我国现代化发展进程
存在差异，我们应该在充分利用中国研究成果和经验的基础之

―――――――――――
① 廖洋：《民族地区贫困村寨参与式发展的人类学考察——以广西龙胜龙脊壮寨
　旅游开发中的社区参与为个案》，《广西民族研究》2010年第1期，第45—50页。

上，寻找一条人类共同发展道路之上的多样性主张。

笔者以宁夏固原市原州区头营镇一个传统村洼村[①]的历史变迁、生计和生活状况为个案分析。洼村地处西北内陆，是一个靠天吃饭、以农业为基础生计的农业社会结构。对照费孝通笔下对江村和禄村两种不同农村的类型来看，笔者所研究的田野点洼村和禄村的类型比较相似，禄村是以土地制度为核心展开论述，土地是人们维持生计的唯一方式，洼村以前一直以土地为维持生计的主要方式，近些年随着外出打工和养殖业的迅速发展，种植业收入已经不足以维持洼村村民的生计。随着现代化进程的加快，为了解释当代传统洼村发展的种种趋势，在田野调查过程中，笔者深刻感受到，历史不会自我重复，将前一代反映社会现实的理论重新检验，审时度势地"因时制宜""因地制宜"，各种要素在各个时期不会以相同的方式再次组合在一起，乡村振兴所涉及的社会文化议题更值得我们深入探讨，这是人类学者需要介入发展研究与乡村振兴研究的重要原因，也是人类学者的应尽之义务。探寻洼村村民可持续发展动力的原因，力求展现洼村在国家乡村振兴大背景下的发展和变迁，通过本书勾画出我国社会一个传统村庄的生存图样和振兴历程，对于西部地区传统村落的发展问题研究，也更能体现出人类学学科的人文关怀和研究旨趣。

---

① 沿袭人类学撰写惯例，本书中的洼村为化名。

第一章　西部山村发展问题研究的当代价值

发展作为一个复杂的社会问题，由于提出学科视角的不同或相似的解释原因和多维性质理论，一直是一个被广泛探讨和争论的话题。在社会科学领域，有很多学科着手解决发展问题。在社会科学领域中，对心理学、社会学、经济学和政治学发展问题的研究理论文献进行综述，同时由于人类学扮演着一种特殊的角色，依靠跨文化对比研究、叙事分析，以及从特定视角参与观察，运用人类学的相关理论理解发展问题，研究处于社会环境中人类和社会关系复杂性行为背后的逻辑关系，来提供另一种研究发展问题的思考路径和当代价值。

一、发展的相关内涵

马歇尔·萨林斯通过对西南非洲的布须曼人（bushman）的研究，认为布须曼民族生活在一个物质需求都能轻易得到满足的状态中，狩猎采集者将对维持生存必需的食物获取，并不被感受为被迫辛苦的劳作，反而是一种断续享受足够的闲暇，描述为原初丰裕社会。[①] 在原初社会氏族共同体内的互惠，是集体狩猎、互助采集，进行食物生产养活家人以及依附者，为适应自然环境维持共同体的生存。当社会发展到食物财富出现一定剩余的时候，竞争性互惠逐步取代了单纯的血缘互惠关系。

马林诺夫斯基在《西太平洋的航海者》一书中的"库拉"（kula）研究，在不同部落土著内部循环的交换仪式，所形成的库拉圈反映经济生活中的意义，作为一种相对稳定的地位标志，库拉圈的核心价值是在交换中呈现的权力、声望、荣誉象征的文化意义。莫斯《礼物》中的"夸富宴"（potlatch），是实力角逐的展开，公开炫耀财富的目的，是获得或保有某一层级的尊荣和政治地位。莫斯在研究不同类型的礼物交换中指出，礼物交换的馈赠是正向互惠，在这种交换链上包含亲

---

① 马歇尔·萨林斯：《石器时代经济学》，张经纬、郑少雄、张帆译，生活·读书·新知三联书店 2009 年版，第 43 页。

属关系、道德义务和个人的生存活动，在礼物的流通中表示认同与合作，以维系共同体长期存续的友好关系；而竞争性负向互惠的拒绝接受回礼姿态和宣战掠夺，则表示区隔和排斥。竞争性互惠的付出是为了得到预期的回报，竞争的原则高于平均分配和慷慨给予。社会内部从原初的血缘氏族社会平等相待，到逐渐出现分层与分化、区隔与认同、排斥与竞争现象，表述为处于强势地位者在获取利益之后，通过一套话语体系来维护自己的利益。处于弱势地位者就表现出不同程度的生存资源匮乏。

与氏族社会的闲适丰裕与礼物互惠形成鲜明对比的是，西方社会文化的现代性转变，是现代性发展观出现的前提。现代社会的消费逻辑是生产和支配符号的逻辑，商品是一种符号代码，消费是认同与排斥，是使用这种符码过程的语言，在消费社会"被消费的东西，永远不是物品，而是关系本身"①，人与人之间的关系已经转变为消费之间的关系，消费能力变成一种具有权力和地位象征意义的商品。作为对人的社会存在和社会关系符号化的标志，消费已成为物的意义体系，消费符号的意义在于不平等的符号等级代际传递下去，消费鸿沟不断拉大并得到确认。消费的需求被不断创造出来，在社会各阶层中商品符

---

① 让·鲍德里亚：《物体系》，林志明译，上海人民出版社 2001 年版，第 212 页。

号、象征意义的抽离是博弈的结果，通过外在商品或服务对象的象征意义，把不平等关系符号化、异化、制度化了。鲍德里亚说："丰盛不是建立在财富之中，而是建立在人与人之间具体的交流之中的，在原初交流中，每个社会关系都使得社会更加富有，而在我们这个'区分性'的社会中，每个关系都增添着个体的不足。让原初人经历第一个（而且是惟——个）丰盛社会的是亲属血缘关系的社会逻辑，而使我们遭受奢侈的、戏剧性的匮乏则是我们自己的社会逻辑。"①

二、发展与全球化的关系

当代人类学家通过研究小型稳定社会的小样本主题，到站在全球角度考虑更多人口的发展问题，将文化理论与全球化相结合，通过对所活动区域的描述性研究，分析全球经济在个人经历中呈现出的复杂社会关系，指出全球化对该地区社会/文化产生的影响。Scheuerman（2006）提出了四个核心假设："第一，去地域化指这样一种假设，即人类活动的整个'社会空间'不包括在某一地域（即传统意义上的地理位置）之内。随着远程通信技

①　让·鲍德里亚：《消费社会》，刘成富等译，南京大学出版社 2000 年版，第55—56 页。

术日益普及，世界各地发生的各类大事件，可在全球同时报道。因此，全球化包括传播新形式的非地域性社会活动。第二，互联性，指任何社会活动形式都有可能影响到全世界，即使有些活动看似相关，而有些活动仅仅局限于某一地域或地区。第三，去地域化、互联性与世界各地不断加快的社会生活节奏紧密相关。最后，尽管全球化各个方面都与以上三个假设互相联系，但其进程是不相同的，需要区别对待。"①Knauft（1991）认为暴力和侵略性是生存的一种先天性倾向，使用暴力建立全球主导地位，以获得和控制稀缺的自然资源。②全球化市场环境在"穷国"与"富国"中创造和延续着饥荒、冲突和动荡的结构性暴力问题。在非洲、亚洲和拉丁美洲，曾经用来经营生存型农业的上百万英亩土地，如今已被用于生产供出口之用的经济作物，用来满足世界上"富国"对咖啡、茶叶、巧克力、香蕉和牛肉等这类食品的需求。那些以前为了自己的事务需求而耕作土地的人们，要么迁移到经常找不到工作的城市，要么迁移到生态环境不适合农耕的地方去，给当地农民造成灾难性后果。有超过 2.5 亿的穷人不能在他们的农场上种植庄稼，还有分布在 100 个国家中的 10 亿人面临丧失

---

① Scheuerman，W.，*Globalization*. Stanford Encyclopedia of Philosophy. http://plato.stanford.edu/entries/globalization/，2010-01-15.

② Knauft，B.，"*Violence and Sociality in Human Evolution*"，*Current Anthropology*，1991，pp.391-409.

种植庄稼能力的危险。① 人类学家已经着手记录当地社会的发展
进程与全球化大规模社会动力的整合方式，这些过程如何与个人
的经验，在个人和地方性的发展和健康状况之间形成的一种互动
关系，动态的社会政策、意识形态和政治力量的相互作用所塑造
的当地环境也参与评估。

当代人类学的主要推力已经远离调查区隔欠发达的个别社区
的探索而放眼于一个全球视角。今天的发展来自于全球系统，它影
响个人生活在本地的位置。人类学家通过深入的民族志研究，拥
有独特的能力去讲述个人经历在一个特定群体的故事和文化，在
发展的个人经验中研究连接全球的影响与社区的问题。通过在个
体层面折射出全球现象，他们能够记录当地环境和全球进程之间
的相互联系。这些可以有助于我们理解全球进程对当地环境和人
的影响，扩大我们对发展的了解和发展趋势，人类学视角可能被
证明在推动改变国家和国际层面的决策上是一个强大的解释力量。

三、生态的人文关怀

20 世纪 30 年代，朱丽安·斯图尔德将生态学的理论与方

---

① 威廉·A.哈维兰：《文化人类学》，瞿铁鹏、张钰译，上海社会科学院出版社
2006 年版，第 516—517 页。

法引入人类学之中，在《文化变迁论》一书中，致力于强调
"以文化解读生态，或以生态解读文化"为研究目标。[1]1963
年，克利福德·格尔兹在《农业内卷：印度尼西亚的生态变
迁》（*Agricultural Involution: The Processes of Ecological Change in
Indonesia*）一书中，率先在人类学中引进和运用了系统论研究
方法，他认为："生物圈的某一范围之内，或多个范围之内，研
究全部生命物质与非生命物质通过物质交换的结合情况，去研
究人群、生态与文化之间的关系。"[2]20世纪60年代末期，维达
（Andrew P. Vayda）和拉帕波特（Roy A. Rappaport）正式将这一
领域定名为"生态人类学"（ecological anthropology），用来统称
人类学者进行的人与自然关系的研究。此后，随着人类学家的
研究日益精深和广泛，在具体理论流派上，生态人类学随后又
衍生出了系统生态学、环境生态学、民族生态学、文化生态学
等理论流派和研究方法。[3]拉帕波特的《祭祖之猪——一个新几
内亚民族生态中的仪式》一书就是运用系统生态学理论进行生
计研究的著名案例，他将澳属新几内亚马丹地区的僧巴伽·马

---

①　秋道智弥、市川光雄、大塚柳太郎：《生态人类学·序》，尹绍亭译，云南大学
　　出版社2006年版，第1页。

②　Geertz，Clifford，*Agricultural Involution: the Processes of Ecological Change in
　　Indonesia*. Berkeley and LosAngeles: University of California Press，1963，p.3.

③　付广华：《修复"自然"——一个南岭山村生态重建的人类学研究》，中央民族
　　大学2012年博士学位论文。

林人的生活区域视为一个完整的生态系统，其主要组成部分是人口、养殖的猪、植物性食物以及人畜占用的土地等，进而分析生态系统内部的各要素之间的相互关联性。[1] 就人类生态系统内部而言，环境不仅是物质的现实，更是一种话语的生产，在这一点上，环境人类学深受福柯提出的概念如权力表达、话语知识的影响。[2] 人类与环境之间最为直接与紧密的联系便是人类的生计模式，其直接地处理着两者间的互动关系。[3] 以生计为中心的文化的多样性，其实就是人类适应多样化的自然环境的结果，这就为人类学树起了不同视野的方法论。格尔茨说，"对文化的分析不是一种寻求规律的实验性科学，而是一种探求意义的解释性科学"。[4]"选择一种生计方式就是选择了一种文化"[5]，一个族群要实现自身的生存和发展，就必须要在其所处的自然环境中选择一套恰当的生计方式，当然一个民族并不是被动地应对自然环境，生计方式就是一个民族在长期的社会实践中对

---

[1] 罗伊·A.拉帕波特：《祭祖之猪——一个新几内亚民族生态中的仪式》，兰师辉、雷俊、于芳译，中国人民大学出版社 2008 年版。

[2] J. Peter Brosius，"Analyses and Interventions: Anthropological Engagements with Environmentalism"，*Current Anthropology*，1999，40（3）.

[3] 杨索：《兰坪玉狮场普米族半耕半牧生计模式的生态人类学解读》，《原生态民族文化学刊》2015 年第 7 期，第 10—17 页。

[4] 克利福德·格尔茨：《文化的解释》，韩莉译，译林出版社 1999 年版，第 5—6 页。

[5] 罗康智、罗康隆：《传统文化中的生计策略——以侗族为例案》，民族出版社 2009 年版，第 231 页。

生存环境（自然环境和社会环境）不断适应的结果。① 只有把生计方式纳入民族文化的整体中去加以分析说明，我们才能透过相关民族的文化逻辑去获得民族生计方式的意义，也才可能对生计实践有着深刻认识和全面把握。② 生态人类学认为生计方式由生态环境决定，生活方式由生计方式决定，生活方式一经形成并固定为传统和习俗，便会反作用于生计方式并影响到生态环境。③ 本书以生态人类学的系统论与整体观为理论支撑，梳理出当地生态、生计和生活的系统性特点，探讨与该生计模式相对应的生态人居智慧和生活文化适应。

一般认为，发展人类学是借助人类学知识解决发展中国家普遍存在的饥饿、环境恶化等问题的一门新学科。20 世纪 70 年代正式形成以来，人类学家一直站在"弱势群体"的立场，主张使发展从经济霸权、技术至上的偏见中脱离出来，让"弱势群体"有更大的自主权。发展人类学的创始人之一塞尼（Cernea）就认为：以参与式及尊重地方知识与文化为原则的农村不能以增加收入、发展经济为唯一发展工作目标，发展不是一种单线式的变

① 罗康隆：《生态人类学述略》，《吉首大学学报（社会科学版）》2004 年第 3 期，第 36 页。
② 罗康智、罗康隆：《传统文化中的生计策略——以侗族为例案》，民族出版社 2009 年版，第 231 页。
③ 罗柳宁：《生态环境变迁与文化调适——以广西矮山村壮族为例》，《广西民族学院学报（哲学社会科学版）》2004 年第 7 期，第 8—12 页。

化，照顾到不同地区、不同民族的文化差异，在这个发展过程中，使发展项目不是"空投"到乡村，而是整合入不同的地方文化之中，真正地摸清他们的想法、思路，结合外部的项目、技术支持变成自己内源的发展动力，使乡村在改善生存条件、提高生活质量的同时，能够保持自身文化的独立与整合状态，走一条以发展为本、避免生态环境恶化的发展道路。

四、乡村的空间形态建构

村落的实践活动是由生态、生计和生活空间建构而成的。传统乡村是由以高山平地、河流山川等为骨架的聚落生态空间、以传统农业生产中的耕地田园和牲畜窝棚为主体的聚落生计空间、以农户院落和公共场地以及其他设施为核心的聚落生活空间这三部分组成。农户的生计、生活空间都包容在乡村空间中，农户的生存空间基本资源由房屋、田地、学校、公共服务、道路等组成，是一个有机协调的系统。生态空间主要界定了农户活动的地形地貌、活动范围、生存方式等内容，是维持生命活动的栖居之地，为农业生产提供土地，为畜牧业发展提供草料，为农户提供生活资料，烧火取暖、禽蛋肉类都由生态系统提供和保障。生活空间以农户自家院落为核心、乡村内部公共中心场地以及村落道路等支撑所形成的生活闲暇交流空间，是乡村空间的重要组成部分，同时其生活空间也兼顾很强的生计功能以及部分生态功能，是人居环境与生计活动空间形成的有机组合。农户对这些资源的利用各有特色，形成了独特的农牧业生存空间资源利用形态，是农户与生态环境的交换界面，是农户生存发展与乡村振兴的资源载体与空间载体，生态、生计、生活三者相互影响、相互制约，不可分割，共同促进生态空间山清水秀、生计空间保障供给、生活空间宜居适度。

生态，英文译为"ecology"，它源于希腊文词根 oikos（=house，意为家户、房屋）和词尾 logos（=word，意为词语、说话），后演变为有系统的研究、学说，从词源的演变历程看，"生态"一词不同于把人类排除在外的自然界，它是内在地隐含着人类参与的系统学说。"生态"不仅是自然界内部的各种物质、能量交换关系，而且天然地包括人类与自然界的互动关系，而且这种复杂的关系受到环境和文化的影响，反映出鲜明的地域和民族特点。① 生态是自然基础存在的基本空间形式之一，它界定了人类活动的地形地貌、范围区域等空间内容，是维持劳动主体生命活动的栖居之地，同时，也为生计和生活提供生态保障，是社

---

① 付广华：《修复"自然"——一个南岭山村生态重建的人类学研究》，中央民族大学 2012 年博士学位论文。

会生产活动顺利运转的先决条件。①

　　生计是人类在改造自然生存活动过程中的空间存在形式，生计适应是人类最基本的文化适应，主要体现在人类对自然环境的认知和对自然资源的利用。在传统农耕时期，在技术水平和社会分工不充分的条件下，生计较强地体现出对自然环境的顺应和依从，通过利用土地、水源、光热等自然资源和能量转换，并以世代累积的包含生态智慧传统和地方性知识的农业生产活动，使农业生态系统遵照自然生态系统的演替规律运行，将民族传统的生产知识技能与实际生存状况相结合，充分适应所处自然生境和人文环境，进行生产开发和文化创造的具体实践。

　　生活即是"过日子"，是人类在生态空间维持生命体生存进行的衣、食、住的主体场域，展开各种思想、情感、观念与行为交织活动的时间与空间存在形式，并在持续的表达中扩大他们的生活空间。这种生活方式既受制于特定的生计方式，又身处民族群体有限物质积累的生态环境中，我们将用生计方式这根"藤"来摸洼村社会生活样态的"瓜"，在这个意义上才能理解生活的逻辑起点、过程和终点。

　　人类通过生态空间、生计空间、生活空间的实践活动建构了生活世界的整体样貌。在简单社会，自然分工居于主导地位，人

---

① 刘燕：《论"三生空间"的逻辑结构、制衡机制和发展原则》，《湖北社会科学》2016 年第 3 期，第 5—9 页。

与自然之间的物质变换处于被动进行的状态，所以生态空间的建构还处于萌芽状态，生计和生活皆仰仗于自然空间的慷慨馈赠。获得生计的方式是采集、狩猎、渔猎、农耕等，生计空间的分布是孤立、分散、不确定的，空间活动范围非常随意狭小。与此相适应，生活空间主要表现为层次比较单一的必要生理活动和少量的娱乐活动，同时生活空间居于主导地位，建构形式和建构规模主要依赖自然气候条件、植物果实的生长季节和种植分布、动物繁殖的生命周期和迁徙规律等自然因素，[①] 生态、生计、生活空间混沌结合于一体。进入近代社会，工业和农业的发展导致了城市和农村相分离，农民是传统农耕社会和小农经济的主体，近代化进程使农民大量脱离土地转移为产业工人，只有一小部分农民变成从事家庭生计和以参与市场交换为生产目的农业劳动者，商品和货币关系获得普遍发展。

五、走进田野

民族志离不开精细的田野工作，笔者的田野点最终选择在洼村，主要基于以下考虑：首先是选择自然条件偏僻、山大沟深的

---

① 刘燕：《论"三生空间"的逻辑结构、制衡机制和发展原则》，《湖北社会科学》2016 年第 3 期，第 5—9 页。

传统自然村，但没有被列为生态移民迁出村。在不适宜人类居住的大山深处的乡村已经作为移民村搬迁出来，作为新建移民村和自然生态环境已基本脱离，在人与自然的斗争中生存的环境已经人为地改变了，但像洼村这样的传统村落的村民仍然要长久地居住在这里，而且在固原地区还有很多这样未搬迁的自然村，这个村庄不是"特色农业村""旅游村""工业村"，为众多传统村落"泯然大众"的一种"类型"或者"模式"。在关于生计方面的田野调查中，对农户人口、种植养殖业收入、外出打工收入、家庭各种经济情况（收入、支出）等情况进行信息采集和数据统计，据此分析影响农户生计活动的主要因素。在生活方面的田野调查中，主要围绕发展问题展开的调查内容有家庭成员、亲属关系、婚姻家庭、义务教育、疾病治疗、养老和低保等，对于聚居、封闭及传统的社区类型而言具有一定程度的典型性和代表性。实地调查之前首先需要做大量的准备，包括踩点考察、选题范围、拟造提纲、文献查阅、工具准备、联系报道人等，这些准备无疑都是为了更好更快地进入田野和开展调查。在前期的所有准备工作中，笔者首先制定田野调查方案，将要调研的内容分主题列表，分期调研。本书中洼村的自然生态包括地理环境系统、气候环境系统和植被环境系统是笔者需要调研的主要内容。地理环境系统包括地质、地貌、区位、土壤、坡度；气候环境系统包括气温、湿度、气压、日照、风沙、年温差、降水、霜冻、气象灾害；植被环境系统包括森林、草原、水域、旱地、农田、村落、建筑。通过对这部分田野调查找出生态环境因素对洼村村民发展原因的分析。在关于生计方面的田野调查中，对农户人口、种植养殖业收入、外出打工收入、家庭各种经济情况（收入、支出）等情况进行信息采集和数据统计，据此分析影响农户生计活动的主要因素。在生活方面的田野调查中，主要围绕发展问题展开的调查内容有家庭成员、亲属关系、婚姻家庭、义务教育、疾病治疗、养老和低保、关系网络以及发展的经历等。按照时间顺序询问主要的生活经历，从年龄、求学、婚姻、分家和疾病、死亡等问题入手，对调研资料的事件时间、制度时间和社会变迁的时间历程做记录。每一次进入田野准备一个调研主题，从 2018 年 10 月至 2021 年 7 月，先后 8 次进入田野调查。

首先笔者用视线所及去观察与参与，去捕捉体验在田野所看到的一切人物、事物和现象，观察他们的行为，探究他们生存的文化逻辑，并通过撰写民族志文本叙述记录下来。进入田野，从观察的视角来看是客位的，而参与其中亲身体验所研究的文化逻辑则被视为主位的，在两者间很好地互换和互通，才有可能更好地完成既定的调研内容。其次是进行入户访谈。访谈法是本书最主要的研究方法，针对洼村的具体情况，主要采用了无结构式访问。无结构式访问又称非标准化访问，它是一种半控制或无控制的访问。与结构式访问相比，它事先不预定问卷、表格和提问的标准程序，只围绕一两个主题展开访谈，通过自由交谈，调查对象谈出自己的意见和感受，调查者事先虽有准备的问题大纲或几个要点，但很多问题具有延展性，随着访谈的深入，所提问题是在访问过程中可以边访谈边形成，有时还会有意外的话题惊喜。在进入洼村调查之前，笔者在查阅文献的基础上预拟了一些访谈提纲，在实地调查期间发现有些不符合实际情况的又进行了不断的修正。通过在田野和农户面对面的交谈，获得每户家庭和个体不同性别、年龄、文化程度的相关材料，对信息提供者事实不清或不符的情况进行相互佐证。通过对农户生命史的访谈，询问其主要的生活经历，从出生、上学、务农、婚姻、疾病和死亡等问题入手，对调研资料的事件时间、制度时间和社会变迁的时间历程做记录，来最终通过数人或几代人的生命史的考察来探求文化的真相。本书还兼采用了问卷法，鉴于洼村农户受教育程度普遍较低，同时也是为了能够搜集更多的信息，笔者采取了直接拿着访问问卷面向被访对象的询问方法进行，用当地人能听懂的土话进行交流，洼村共有 441 户 1501 人，我们共设计了 100 份问卷，从四个生产队随机抽取一个队投放试卷，采取随机入户的原则，最后得到的有效问卷是 98 份，问卷法的量化研究进一步夯实了本书研究的基础。把村落放到整个区域的历史文化环境中去分析，把握整个历史文化的脉络，才能触摸到事物的本质。通过查阅《隆德县志》《固原州志》《宁夏新志》《读史方舆纪要》《固原市统计年鉴》《洼村委员会村民基本情况统计表》，以及国家乡村振兴局、宁夏乡村振兴局转发的各类行政文件、编撰的资料、出版的书籍、统计数据和各级领导讲话汇报稿的搜集；县、乡政府及村委会等半官方组织在执行乡村振兴政策时公布的材料；中央和地方政府网站、国家振兴局政府机构网站，以及国家统计局、宁夏档案馆的保存档案和数据；固原市原州区历年的发展情况、经济状况、人口情况等相关资料作全面的搜集；固原原州区资料；驻村干部的访谈资料。前期的文献法为我们进一步的问卷调查和个案访谈铺垫了基础，从而使得文献法和实地调查的诸多方法相互辅助，以期提高本书研究的信度。

在田野调查中关键报道人不但是引领笔者打开地方生计、生活知识的一扇窗，而且也是帮助笔者鉴别信息真伪的一把尺。在进入田野时因为需要包出租车出行，笔者结识了当地的一位中年出租车司机，他就是洼村人，对村里的情况非常熟悉，在入户调查中，由于这位出租车司机报道人的带领和介绍，使得村民对笔者的贸然闯入少了很多的戒备心理和生疏感，访谈可以很容易进入主题。在笔者和村里农户访谈过程中，这位报道人只是默默坐在一旁，从不插话，等到访谈结束出来后，他会提醒我刚才那户人家说的话哪些是真的，哪些不要当真。随着入户次数的逐渐增多和访谈的深入，笔者也逐渐可以大致甄别出访谈者讲话掺杂有多少不实信息了。带笔者进入田野的另外两位有当地政府背景的报道人,一位是洼村村支书,另一位是驻洼村帮扶的第一书记。① 在田野调查入村的第一天早晨,通过笔者向村支书介绍了笔者田野调研需要搜集一些农户的相关资料后,村支书便爽快地领着笔者走进一户人家,女主人热情地走上来拉着笔者的手,掀帘将笔者让进屋里,笔者一下眼前一亮,屋内干净整洁,一尘不染,客厅摆放的彩电、冰箱、音响、沙发一应俱全,呈现出富裕起来农户家庭的新面貌,村一队支书说:"现在我们村里勤劳的人,和肯干的人,日子都过好了,你看这家嘛,主要是在村里收废品的,家里三个孩子都念书,他和媳妇都勤快、脑子活,每年收废品拉到山外面卖,一年能收入十几万块钱,就富起来了么,这几年党的政策这么好,村里修了路,出山方便多了,通上自来水,电也给拉上,国家把农业税全取消了,还给农户各种补助,这些乡村振兴的政策都是好得很撒。"② 通过村支书的介绍和笔者对农户访谈的所见、了解和感受,笔者对乡村振兴和勤劳致

---

① "第一书记"是我国新一轮扶贫开发攻坚战的重要举措,意在通过向贫困村庄和基层党组织软弱涣散村注入领导力资源,加强基层组织建设,促进农村经济社会发展,实现精准脱贫。作为从各级机关企事业单位中选派的优秀党员干部,第一书记扶贫本质上是以增加农村基层领导力资源供给为突破口,实现中国村公共事务的"良治"。王亚华等:《中国农村公共事务治理的危机与响应》,《清华大学学报》2016 年第 2 期,第 23—29 页。
陈翔:《论媒介系统与身体之关系——基于 A. 哈特的"媒介系统论"》,《西南民族大学学报(人文社会科学版)》2012 年第 9 期,第 162 页。

② 报道人,MFX,男,52 岁,洼村一队的老支书;访谈时间:2019 年 10 月 2 日;访谈地点:农户 NJL 家里。

图 1-1　富裕户家庭

富都产生了一种直观认识和充满了信心。

回顾整个田野调查的历程，有很多收获，但也有一些不足之处，这是在田野调查的准备工作中没有提前预想到的。因为进行田野调查的是传统村，调查研究的主题是如何发展，所以笔者访谈的话题主要围绕振兴和发展展开，直奔主题会显得太直接，受访者最有可能感兴趣交流的话题就是我还不富裕，你能给我带来什么帮助和好处，而对其他一些访谈话题基本不感兴趣，也不想谈，使得访谈资料很容易千篇一律，可以挖掘发展主题内容的深度和广度都很不够。在随后的田野调查时，笔者及时调整了访谈思路和提纲，从拉家常开始，由婆姨的穿戴、家里的饮食、院子的花草和生活琐碎小事等边缘话题闲聊开始谈起，然后通过询问个人生活经历、家庭演变情况等来捕捉发展给他们生计和生活带来的各种影响，这样访谈资料的内容就逐渐丰富深刻起来了。如果将田野调查比作人类学者的成年礼，那么笔者发现自己在这个过程中经历了很多思想上的变化，其中既包括对研究对象（传统村和农户）认识的加深，也包括对人类学研究方法更深层次的领悟，此外还有对自身行为认知有了很大改变。走进田野，对笔者而言，作为人类学者的成年礼注定都将是人生中记忆最深刻的一段成长经历。

第二章 洼村：一个西部山区
传统村落

从固原地区脆弱的生态环境的历史演进与现实场景出发，在自然生态环境的约束下，通过对人居生态环境适应性进行历时性分析，可以在时空层面更好地理解作为田野调查点的洼村，独特的自然生态系统对人类生存的影响，提供传统村落应对自然生态的人居环境适应。这是认识洼村传统农户生计、生活的历史和背景，可以在时空层面更好地理解各种生态环境系统对洼村农户生存状况的影响。

一、脆弱的生态环境

固原地处西北黄土高原丘陵沟壑区，地势西南高东北低，海拔1500—2955米。黄土地貌以丘陵沟壑为主，间有塬、山地、梁、峁等，属于黄土高原向干旱风沙区的过渡带、季风区向非季风区过渡带、半湿润区向干旱区过渡带，是典型的生态环境脆弱区。发展问题与生态环境问题总是交织在一起，在实施各种乡村振兴项目时必然会触及生态环境问题，而在力求改善环境问题时又最终会围绕解决发展问题行动展开。生存发展是生态环境在历史演进和人类活动中对生态环境产生的影响，是生态环境系统提供客观的物质基础不充分，所引起的基本生存需要得不到满足而处于停滞的一种状态，是人地关系动态变化的过程和结果。

1. 固原地区生态环境变迁

著名历史地理学家史念海先生在学术文集《河山集》中描述："新石器时代固原一带水源充足，六盘山下'朝那湫'是古代著名的湖泊，泾水、清水河的流量也远比现在大。地处黄河中游的六盘山、陇山四季无严寒酷暑，为乔、灌木落叶所覆盖，林草翠绿。"[1] 在1960年至1983年间，固原地区相继出土了一批古木，这批古木均为没有人为加工痕迹的纯自然形态，出土有茬桩存在或

---

[1]　史念海：《历史时期黄河中游的森林》，载《河山集》第二集。

带着树根，可以确认这批古木为固原地区所产，居住在河川、湖泊、泉眼附近的当地先民用原始的石制工具进行农业垦拓，有限的人口对于森林的破坏较为有限，对于环境的影响也较为轻微。

西周至春秋战国，清水河、泾河水量充沛，森林资源丰富，夫周，高山、广川、大薮也，故能生是良材。^① 从北方系青铜文化的墓葬习俗看，随葬品中陶器等生产工具种类和生活用品数量都很少，而殉牲的羊、牛、马头骨有几具到几十具之多，其中羊的殉牲最多，其次是马和牛，这说明当时戎人是游牧经济社会，游牧化程度较高，牧草资源丰富，自然生态环境养护较好。秦代的固原，牧马业已经初具规模，草质优良，雨水充沛，虽属边郡却可牧养大批马群。司马迁在《史记·货殖列传》中载，乌氏县（固原）以牧畜致富的乌氏倮，畜至用谷量马牛。秦始皇帝令课比封君，以时与列臣朝请，乌氏倮是当时边境地区因经营畜牧而成为巨富的最具有代表性的少数民族历史人物，而且是专业化私营商贾，或许是因为乌氏倮成为巨富受益于畜牧业强盛的缘故，有了这样的致富的榜样，汉武帝在公元前112年（元鼎五年）巡视安定郡（固原）之后，颁布"令民得畜牧边县"，希图以畜牧富民。^② 乌氏倮从事畜牧、绵帛贸易，从一

① 史念海：《历史时期黄河中游的森林》，载《河山集》第二集。
② 薛正昌：《秦汉风俗与"祀典"及其民间信仰演变——以宁夏固原历史经历与民间信仰变迁为例》，《兰州大学学报（社会科学版）》2010年第6期，第73页。

个侧面说明秦代固原牧马业的兴盛。① 秦始皇统一六国,大将蒙恬追击匈奴到太阴山以北,打败匈奴,设置包括宁夏全境的九原郡共有 44 县,同时将内地人口迁徙到河套九原郡屯垦开发,但这种大规模的开发持续时间较短。因此,西汉初年黄土高原人为的耕垦活动对森林生态没有造成太大破坏,古森林植被保存完好,直至唐代初年。② 隋唐时期,漠北的突厥,西域的回纥、吐蕃、党项等民族逐步崛起,唐太宗以骑兵为主力打下天下,③ 故而大兴马政,以武装强大的骑兵,以固原原州区为中心成为主要的养马基地,而且成为西北马政管理的中枢,固原的官马养殖进一步加强。至北宋,北宋政府欲重建威州(即今韦州),因其"水甘土沃,有良木薪秸之利"④,因而成为宋、夏争夺的焦点,镇戎军(固原)成为宋夏对峙的前沿,双方修建州、军、堡、寨时,战备需要的木材和日常生活所需的燃料,全在森林里砍伐取用,在宋夏战争中固原地区森林受到较多的破坏,但当时固原地区的自然环境尚未恶化。在元初,固原地区不仅成为战略要地,而且也是皇帝的避暑胜地,太祖、宪宗、世祖

---

① 薛正昌:《历代马政在固原》,《固原师专学报(社科版)》1996 年第 2 期,第 62 页。

② 薛正昌:《宁夏历代生态环境变迁述论》,《宁夏社会科学》2003 年第 3 期。

③ 汪篯:《唐初之骑兵》,载《汪篯隋唐史论稿》。

④ 《宋史》卷二七七《郑文宝传》。

均曾先后来此避暑，^①宁夏南部的土地得到了一定程度的开发，但军屯的面积还是小于牧地的面积，因为最宜农耕的清水河谷地已被划人监牧的范围。^②这里既被划入监牧的范围，自然要有牧入进行畜牧业生产，可见官营牧马业是很发达的。自夏及冬，随地之宜，行逐水草，十月各至本地，^③可知元代官营牧马业的生产方式还是"行逐水草"的游牧式。明代，宁夏南部的牧地大都被藩王和陕西苑马寺各监苑瓜分，尤以藩王所占牧地最多。今同心城、下马关和韦州等地分归庆王，于韦州设宁夏群牧千户所，^④当时管辖宁夏大部地区的固原州（治固原卫城，今固原县城），因地方延袤千里，水草丰茂，所以畜牧蕃多。^⑤清初，人口的迅速繁衍，生产结构由明代以牧为主转变为以农为主兼营牧业。宁夏南部于道光二十五年（1845）以前的原额民地、屯地、更名地、养廉地、牧地共有34033.86顷，而原额牧地（1631.03顷）仅占原额民地、屯地、更名地、养廉地、牧地5项总数的0.047%；至光绪三十四年（1908），宁夏南部的实熟民地、屯地、更名地、养廉地、牧地共有8449.72顷，而实熟牧

① 汪一鸣:《历史时期宁夏地区农林牧分布及其变迁》,《中国历史地理论丛》1988年第1期。
② 《元史》卷一〇〇《志第四十八·兵三·马政》;吴宏岐:《元代北方汉地农牧经济的地城特征》,《中国历史地理论丛》1989年第3期。
③ 《元史》卷一〇〇《志第四十八·兵三·马政》。
④ 《宁夏通史·古代卷》,第275页。
⑤ (明)《宪宗实录》卷六三,成化五年二月戊子。

地（152.56 顷）仅占实熟民地、屯地、更名地、养廉地、牧地 5 项总数的 0.018%，额征地亩面积超过 3 万顷，创历史最高水平。[1]宁夏生态环境的演化过程固然与历史时期的气候变化有关，但更与人类繁衍生息的不合理开发相关联，在紧迫的生存面前，生态环境的破坏在所难免。

2. 自然灾害频繁，干旱、沙尘暴严重

（1）旱灾

形成干旱的原因与气候土壤、植被涵养、水利设施等均有关系，但主要原因是年降水量稀少。根据历史文献的记载统计[2]，宁夏旱灾的资料以五代为历史时期分水岭，五代以前较为简略，五代以后则叙述详尽，故可分为四个阶段对宁夏旱灾的时间分布特征分朝代展现，具体见表 2-1：

表 2-1　宁夏、固原地区旱灾次数一览表

朝代	宁夏旱灾次数	固原地区旱灾次数
东汉至五代（32—960）	19	19

---

[1]　张维慎：《宁夏农牧业发展与环境变迁研究》，陕西师范大学 2002 年博士学位论文。

[2]　袁林：《西北灾荒史》之《西北干旱灾害志》统计，下同。

朝代	宁夏旱灾次数	固原地区旱灾次数
宋元时期（960—1368）	43	37
明朝（1368—1644）	63	54
清朝（1644—1911）	101	78

资料来源：袁林：《西北灾荒史》之《西北水涝灾害志》，甘肃人民出版社1994年版。

从表2-1可知，在东汉至五代的929年中，宁夏平均近49年才有一个旱灾年；在宋元时期的409年中，宁夏平均9.5年有一个旱灾年，基本是十年一旱；在明朝的277年中，宁夏平均4.4年就有一个旱灾年；在清朝的268年中，宁夏平均缩短到2.7年就有一个旱灾年，随着朝代更迭，从东汉至清代，宁夏尤其是固原遭受旱灾的平均年限越来越短，频次越来越高，从几十年一遇到约三年一遇，使干旱成为固原地区发生次数最多、影响面积最广、危害最严重的气象灾害。目前固原地区干旱主要以春旱为主，对宁夏影响最大的季节连旱为秋春夏连旱。据《宁夏南部山区农业问题综合研究》统计，1949年以来，西海固发生较大的自然灾害（粮食减产20%以上）10次，其中旱灾7次，占70%。大风灾害在山顶、峡谷、空旷的地方多于盆地，大风出现时往往伴有沙尘暴，发生最多的季节是春季，夏季次之，秋季最少。

（2）风沙侵扰

风沙灾害形成的基本动因是风，是由大风、干热风、沙尘暴的天气现象所造成的灾害；根据形成原因的不同，宁夏风沙灾害主要是大风灾害和沙暴灾害。[①] 大风灾害，是指风速 >17.2米/秒、风力 ≥ 8 级对人们的生产活动乃至生命、财产所带来的破坏性灾害。宁夏的大风，其风向多为西北风或偏西风。气象学沙尘暴的定义是因大量沙尘被强风吹到空中而致使能见度小于一公里的严重风沙现象；沙暴灾害，是因强风将沙粒吹离地表，从而影响人们生产生活的正常进行而形成的灾害。晋武帝太康二年（281）六月，固原"大风折木"。[②] 宋真宗天禧元年（1017），"九月，镇戎军彭城砦风、雹，害民田八百余亩。"[③] 金海陵王正隆五年（1160）"三月，镇戎、德顺等军大风，坏庐舍，民多压死"[④]。明天启元年（1621），"宁夏风霾，大如坠灰，片如瓜子，纷纷不绝，逾时而止。"[⑤] 明代嘉靖年间，屯田就有"逼山者压于沙"[⑥]，隆庆年间（1567—1572），"水冲沙压，间岁有之"[⑦]，终明一代，因大风而致使屯田被沙所压是常见的风沙灾害之一。在清朝的

---

① 袁林：《西北灾荒史》，第 172—174 页。
② （清）宣统《固原州志·轶事志·祥异》。
③ 《宋史》卷六二《志第十五·五行一下》。
④ 《金史》卷二三《志第四·五行》。
⑤ （清）乾隆《宁夏府志》卷二二《杂记·祥异》。
⑥ （清）嘉靖《宁夏新志》卷一。
⑦ 《明经世文编》卷三六〇。

268 年中，宁夏的风沙灾害共有 11 个年份，固原州发生有 5 个年份，风沙侵扰使得风摧拔木、损坏民居，大风卷着沙砾吹离地面屯田被碎沙石压埋，对人民生产和生活的危害性是极大的。

二、人地关系的紧张态势

人口增长和生活需求的提高促使人们追求更高的生活层次，这样对于粮食、蔬菜、禽蛋、肉类等物质资料的需求增长，在外来输入不足以满足时，人们必然向自然索取资源来满足其生活的需求。然而，由于生产经营方式不合理，造成了沙区生态环境进一步恶化。同时在市场经济的导向下，农业生产结构会发生了一些变化，有学者提出，农牧交错带的农业生产结构应该是"自给型的种植业，商品型的牧业，保护型的林业"，但是为了提高土地的产出和增加收入，土地利用并不是以生态环境为导向，由于对草场的管理不完善，畜牧业发展已经超出了天然草地的承载力，对草场的建设不够，造成了对草场超载放牧。2001 年以来，宁夏启动退耕还林还草工程，具体分为退耕地造林和退耕地种草，另外，对荒山、荒坡和沙丘造林。至 2004 年，由于各项政策的叠加作用，耕地、荒山和沙丘向林地转化速度加快，沙漠化程度有所减轻。

由表 2-2 可知，20 世纪 90 年代至 2016 年，以宁夏为代表的 5 个自治区再加上云南和青海两省，宁夏人口 1998 年至 2016 年增长率为 264.86%，平均年增长率为 7.45%，仅次于内蒙古，居全国第二位，少数民族人口平均年增长率均高于全国总人口的年平均增长率，而以上地区中的宁夏、青海、西藏、新疆等地同时也是全国生态极度脆弱区。

表 2-2　西部民族地区人口增长态势

地区	1998 年人口（万人）	2016 年人口（万人）	1998—2016 年	
			增长率（%）	平均年增长率（%）
广西	1830	4838	164.37	5.54
云南	1486	4771	221.06	6.69
西藏	238	331	39.08	1.85
青海	215	593	175.81	5.79
内蒙古	459	2520	450.10	9.92
新疆	1073	2398	123.49	4.57
宁夏	185	675	264.86	7.45
全国	124810	168271	34.82	1.67

固原地区面积和人口均占宁夏全区的一半以上，而人均占有资源逐年减少，造成人均农业生产资源绝对值非常低，隐形富余

劳动力过多，但国内经济总产值仅不足全区七分之一，人均收入则不足全区的五分之一，是全国最典型欠发达地区之一。

三、空间的生态环境适应

1. 农、畜产业发展历史

（1）农作物种植

早在公元前 2500 年至前 2200 年左右，在宁夏固原、彭阳、海原、西吉、隆德等县的一些遗址和墓葬发掘中，发现有谷穗盛装在陶罐中，虽然已经炭化，但残存的外壳仍可辨出其品种是耐干旱的粟，[①] 万国鼎先生指出："从远古到南北朝，谷子在我国栽培的作物中一直占着首要地位。"[②] 明世宗嘉靖年间，固原州的谷子不仅有一定面积的种植，而且品种更细分为白谷、青谷、黄谷、红谷 4 种，[③] 到神宗万历年间，在这 4 种的基础上又增加了黏谷一种。[④] 明宣德《宁夏志》首先记录了"穈"这种粮食作物，[⑤]

---

① 《宁夏通史·古代卷》，第 13 页。
② 万国鼎：《五谷史话》，载《古代经济专题史话》，中华书局 1983 年版。
③ （明）杨经：《嘉靖固原州志》卷一《土产》。
④ （明）刘敏宽：《万历固原州志》上卷《田赋志·物产》。
⑤ （明）刘敏宽：《万历固原州志》上卷《田赋志·物产》。

固原州有糜的种植，其品种更细分为白糜、黄糜、黑糜、黏糜、青糜、红糜6种。[①] 玉米，原称玉蜀黍，原产美洲，至迟在嘉靖十年（1531）年传入我国广西，到嘉靖三十九年（1560）前后，平凉府属的隆德县，已有玉米的种植，[②] 到光绪末年，固原州也开始种有玉米。作为五谷之一，菽在粮食作物中占有较重要的地位，嘉靖时固原州的豆类有豌豆、扁豆、大豆3种，[③] 到万历年间，固原州的豆类在前代的基础上又增加了黑豆、小豆两种。[④] 清代宁夏南部各州县的豆类品种数虽有差异，但豌豆、大豆等品种却都有种植。嘉靖至万历年间，固原州的麦类有大麦、小麦、荞麦3种，[⑤] 尽管清代宁夏南部各州县的麦类品种有差异，比如以前的麦类有小麦、春麦、青颗（稞）、雁麦（春种，七八月收）、油麦、荞麦（有甜有苦，五月种八月收）6种，但大麦、小麦、荞麦品种基本上都是种植的。弘治、嘉靖、万历时期，胡麻、麻子、菜子、苏子都被列为固原州的谷类作物。[⑥] 清代乾隆年间，宁夏府的油料作物麻、胡麻在府城均进入了商品流通领域，清代宁夏南部各州县的油料作物虽略有差异，但麻子、胡麻、菜子却

---

① （清）王学伊等：《固原州志·贡赋志·物产》。
② （明）赵时春：《平凉府志》卷一三《隆德县·物产》。
③ （明）杨经：《嘉靖固原州志》卷一《土产》。
④ （明）刘敏宽：《万历固原州志》上卷《田赋志·物产》。
⑤ （明）刘敏宽：《万历固原州志》上卷《田赋志·物产》。
⑥ （明）刘敏宽：《万历固原州志》上卷《田赋志·物产》。

是常见的油料作物。①

固原地区属温带大陆性干旱半干旱气候，年平均气温3—8℃，年降水量约300—450mm，年干燥度1.5—3.49，≥10℃积温2000—2500℃，生长季190—203天，全年无霜期90—100天，属旱作农业区，产量由降水量左右，极不稳定，栽培粮食作物以抗旱耐瘠作物为主，主要作物有玉米、荞麦、马铃薯等，糜子抗旱耐瘠，适应性强，是固原地区的主要秋作物，分布广泛。

（2）畜牧业养殖

宁夏境内六盘山东北的清水河、汝河流域的固原、彭阳两县，出土的春秋战国"北方系青铜文化"墓葬，存在集中用马、牛、羊的头骨进行殉葬的普遍习俗，由此可见这一文化的居民，其畜牧业是相当发达的，这也反映了当时该地草木繁盛的自然生态环境和畜牧、狩猎的经济生活状况。②光绪年间，固原州属平远县的畜产品有牛、马、驴、骡、豕、羊、犬、骆驼、猫、犏牛等11种，③总之，明清时期，宁夏南、北的畜产品主要有马、牛、

---

① 张维慎：《宁夏农牧业发展与环境变迁研究》，陕西师范大学2002年博士学位论文。
② 《宁夏通史·古代卷》，第7页。
③ （清）陈日新：《平远县志》卷六《田赋·物产》。

羊、驼、驴、骡、犬、豕、猫数种，其中马、牛、羊起到的军事和生产生活作用最大。由于马是骑兵的基础，而骑兵在中国古代冷兵器时代是最强的兵种，因而各朝统治者对于马政非常重视，尤其是秦、汉、隋、唐、明各王朝，均在宁夏南部以固原为中心适宜的生态环境下，建立了养马基地，也就是牧监苑，由于政府的重视，牧监苑畜牧业非常发达，在战争中基本保证了用马的需要，因而马就成为官营畜牧业最重要的畜产品。清朝时，由于战争的减少，官营牧马业虽已是强弩之末而不如前朝，但宁夏南、北均设有军马厂，可见马始终是官营畜牧业的主要畜产品。牛是农业生产不可缺少的工具。隋朝在平凉郡治平高县（即今固原县）置原州驼牛牧，并设尉加以管理，以解决小农经济财力有限，提供农业生产中的耕牛问题，由此可见牛亦是官营畜牧业的主要产品之一。就连"以羊马为国"的西夏王朝，为了摆脱宋、金等国的经济封锁，也不得不大力发展养牛业以满足农业生产的需要，并同时颁布了不得随意宰杀包括牛在内的大牲畜的禁令。[①] 羊是人们肉食和皮毛的主要来源，因而不论是在官营畜牧业中还是民间畜牧业中，羊都是数量最多的畜产品。如隋王朝时，政府不仅在平凉郡置原州羊牧，而且设大都督并尉加以管理。西夏时，由于政府严禁随意宰杀大牲畜，因而羊不仅是人们肉食和皮毛的

---

① （宋）苏轼：《东坡志林》卷三。

主要来源，而且成为政府的大宗出口商品之一。北宋庆历六年（1046），仁宗皇帝下诏，每年仅在保安军和镇戎军高平寨两处榷场就购入西夏马4000匹、羊2万只，由此可见羊在西夏畜牧业产品数量中的比重之大。

2. 村落空间的形成

宋夏对峙时期，六盘山林木被用于军事和城、寨、堡的建设，固原地区成为防御西夏用兵的前沿阵地，北宋对固原这样的极边地区实行军政体制，苑马牧监制度废除，建立大规模军屯建制，形成由关至堡—寨—城—军由低到高的军事体制，城、寨、堡的规模，一般以城最大，寨次之，堡又次之，关的数量很少。寨之大者，城围九百步，小者五百步。一寨用工略十三万余。堡之大者，城围二百步，小者百步，一堡用工略万三千。[①] 堡、寨为保护屯田经济和便于驻军防守而设，一般都建在形势要害之地，形成一个防御区域。固原地区的村落建设也显现出其军事防御特征，大量的城、堡建筑遗址呈带状遗留至今，今固原以北还有头营、三营、五营、七营、八营、萧关的地名，这些都是当时屯军的驻军番号。虽然在元朝统治时期，北方御边的概念不存在

---

① 王立新：《论屯田在北宋西北沿边进筑战略中的作用》，《陇东学院学报》2013年第2期，第98页。

了，中原与草原成为一体，但在固原境内地域性军事性质和文化环境并没有改变，地方风俗文化仍在交融之中。明朝，宜兵宜民的军事化屯堡在宁夏始行。明代中期由于战争的频繁发生，堡寨加紧建筑的数量也是同步增加。明正统年间（1435—1449）发生战争次数 2 次，堡寨建筑数量为 8 座；成化年间（1464—1487）发生战争 12 次，续建堡寨 6 座；弘治年间（1464—1487）发生战争 8 次，续建堡寨 7 座；嘉靖年间（1521—1567）爆发战争 14 次，建堡寨 9 座。至清朝，社会安定下来，没有战乱和土匪的骚扰，百姓从堡寨中搬出来，逐步定居在耕地周围，固原地区具有军事特征的农业生产性质逐渐消失了。固原地区明清时期建立的城、寨、堡体系及其民堡化和村落化奠定了固原地区近现代村落体系和分布格局的基础。

固原地区是典型的黄土高原丘陵区，这种地形地貌对光照条件、地表风向等的再分配起到决定性的作用，因此决定了村落的最基本形态，深刻影响村落的空间生态格局。村落的居住形态是由其千沟万壑的塬、梁、峁、沟等地形地貌所演化而来的地域类型，崎岖不平，限制了对外联系和经济发展。坡地型村落的房屋居住通常悬在耕地旁较为平坦的地方。村落形状与布局总是依山形的走向错落排列建造。沿山体的坡度呈扇面展开，层级而上梯度状或呈不规则几何体；村落内部结构属垂直空间依山而建。由于地形原因，村落的空间拓展较为困难，基本沿等高线呈散点状展开。由于地形地貌的特殊性对村落的分布限制因素，洼村村落特征体现着对地形地貌的基本回应是：村民多数就地靠近自家耕地而居，村落规模极小，分布松散局促，呈点状发展，村民之间距离远，房屋建在山坡上，而将位置较好的平坦土地留作耕地；经济基础较为薄弱，尚未形成一定的集聚规模优势，居住房屋选择背风向阳，洼村居住空间表现特征为台地的散点状分布。村落作为生存的物质空间基础，它的形成过程记录着人类文化活动的历史印记，是引导我们走进村落、了解今天风物人情的基础。洼村所处的固原地区的历史可以远溯到旧石器时代，但是就村庄的历史而言能追溯到大致就 100 余年，村庄的历史起始时间说法不

图 2-1 洼村坡耕地（1）

图 2-2　洼村坡地型聚落

一，在田野访谈中，年过八旬的老村支书 KGJ 为我们讲述了他记忆中村落形成的历史："我就出生在这里，我大（父亲）说最早是他哥也就是我大伯在这边生活，那时我家住在固原同心，兵荒马乱的，马鸿逵抓壮丁就逃到这边了，这边山大沟深的好躲藏，不容易被发现，我父亲在的时候说以前这里都是姓冯的住在这个庄子，民国九年海原大地震庄子就震平了，后来陆陆续续都是从别的地方跑过来的外姓人了，这地方十年九旱，但只要有一年雨水好就饿不死人，慢慢地，一些人就都到这就落下脚了。村里现有五大姓：马姓、甄姓、康姓、者姓、何姓，马家人口最多，占了全村一半人口，他们是从河川那边逃荒过来的，那边比这里还难过活，一家过来给其他亲戚捎信，慢慢人就都过来，人就多起来了，者家是从泾源那边过来的，民国十八年大饥荒，生活难得不行，爷爷那辈就逃到这里，给地主干农活种庄稼，地主家光阴好，就留下来了，总体来说到这个庄子的不是逃灾荒就是避战乱，基本都是这么待下来的。"[1]

洼村位于固原市原州区头营镇东南（图 2-3 红星标处），距

图 2-3　原州区贫困村分布图

① 报道人，KGJ，男，82 岁，洼村老支书；访谈时间：2016 年 10 月 3 日；访谈地点：报道人家里。

镇政府驻地约 21 公里，全村总面积 12900 亩，耕地面积 5712 亩，其中：旱地 5712 亩，退耕还林 2926.9 亩。主导产业以养殖为主，养殖牛羊，现牛存栏 420 头，羊存栏 1350 只，主要种植品种为玉米、燕麦、马铃薯、苜蓿，年劳务输出 369 人次，有个体经营户 7 户，有农民专业合作社 3 家，致富带头人 7 人。其中种植业占 20%，劳务输出占 40%，养殖业占 40%。

全村辖 4 个生产队，一队 352 人，二队 453 人，三队 378 人，四队 315 人，共有 441 户 1501 人。其中，本书田野点主要在村部所在地洼村一队。洼村有全日制小学 1 所，在校学生 31 名，教师共 6 名。卫生室 1 所，村医 1 名。村里享受高龄补贴 19 人，孤儿补贴 3 人，残疾人生活补贴 39 人。截至 2020 年底，全村农民人均可支配收入 12363 元，分别比原州区高 1158 元、比固原市高 816 元、比宁夏全区低 1375 元。

四、空间布局特征

土地是最重要的生产和生活资源，土地资源品质的优劣和数量的多少直接影响着村落的选址、规模、密度和村落的空间分布。只有当村落的人口规模与土地资源、产业规模发展相互匹配的时候，村落才能达到最佳的发展状态。洼村坡耕旱地共有

图 2-4　洼村坡耕地（2）

5712亩，是产生水土流失的主要根源，水土流失加速了土壤侵蚀，坡耕地也是山区贫瘠的代名词。[1] 洼村降水时间集中并多以暴雨形式出现，坡耕地表土受到暴雨的猛烈打击，土壤空隙被堵塞，下渗速度慢，雨水大部分急速顺坡流走，只有很少一部分能够被土壤吸收渗入，土壤肥力不高，有机质含量低，水分不足，全部为坡地，坡度 >25° 的占 80%，坡度在 15°—25° 的占 20%，耕种方式粗放，广种薄收，集约化程较低。山丘区的旱坡地，将坡耕地或荒坡改成梯地或梯田，以减缓地面坡度，增加土层厚度，有利于雨水的入渗。坡改梯前，耕种只能依靠牛、驴这样的畜力或人力，坡改梯后，除小块梯田外，大块面积的梯田从耕种到收割等生产环节可以广泛使用小型农业机械，手扶、四轮拖拉机（三轮车）和架子车可以直接到田间地头，方便了村民拉粮送肥。梯田建成后，地膜玉米等种植新技术得到推广应用，有效地提高了粮食生产水平，降低了劳动强度，也将很大一部分强壮劳动力从土地转移出去，加速了农村富余劳动力转移，走出大山，进入城市务工，增加了村民收入，推动了非农产业快速发展，提高了劳动力资源配置效率。[2]

---

[1] 苏旭红、陈义郎、张娜：《实施坡改梯加速山区经济发展》，《农业科技与信息》2009年第10期，第26页。

[2] 李晓娟：《隆德县坡耕地存在的原因、危害及坡改梯的作用》，《农业科技与信息》2009年第4期，第7页。

图 2-5 洼村公共空间核心区

从村落土地资源高效利用的角度，洼村各类用地利用形成一种圈层模式，以村党支部文化活动中心、文化广场的公共中心区为核心，居住区域、农田耕作区与外部环境融合的景观防护区，依次逐层展开，形成特有的人居环境最佳生存空间。

1. 公共空间核心区

为居民居住区提供公共话语活动的空间场域。作为村落的核心区，村党支部文化活动中心和村文化广场戏台位于聚落中心公共空间的显著位置，是党支部组织召开会议、各种职业技能培训、通知扶贫补贴发放、文化娱乐活动的主场地，农家书屋、篮球场、健身器材吸引着周围村民和孩童阅读、锻炼、娱乐，作为与村民日常生活和人际交往关联最紧密的公共空间，也是洼村村民日常生活行动中展现意义需求的场域。

2. 生产、生活服务区

生产、生活服务区围绕在公共空间核心区和村民的居住区域之间，一般包括便民服务的商业小卖部、学校以及村级卫生站所属的区域。

3.居住区域

居住区域是高度分散于自家坡耕地周边的平地，每户人家基本都有开阔的居住空间，有自家院落和周边从事生产活动的区域，包括自家摩托车、三轮车、铡草机等的存放处和和院外的草料场、牲畜圈等。

4.耕作区

旱地耕作区除居住区域以外的所有可开垦地块都可用于耕作。由于旱地耕作区受外部自然生态环境影响极大，人口高度分散在自家耕作区周边，村落空间内生的多样性发展需求约束明显。

5.景观防护带

景观防护带是依山地环绕以保护村落免受风沙灾害侵袭，在耕作区外围种植油松、云杉、河北杨等针叶林带形成的隔离地带。

图 2-6　洼村村民居住区域

图 2-7　洼村人居村落形态图

五、适应脆弱生态环境的居住空间

1. 气候变化与民居形态

　　洼村气候特征是降雨量较短且集中，暴雨洪涝灾害频发。气候条件直接决定着建筑形态、建筑材料、构造技术、结构选型等村落建筑建造选择的自由度。像洼村这样的山区传统村落，经过长期的自然选择与生态适应，积累了大量应对恶劣生态环境的生存智慧，值得我们去探究。

（1）降雨与屋顶形态

　　洼村的生态营建包含了人们对特定生存环境的适应与调整，在人居环境和建筑风格之间形成高度的协调统一。固原地区平均年降水夏季最多、秋季次之，冬春季降水量全年最小，约只占全年降水量的3%，夏季降水量则占全年的一半居多，同时也是短时间内局部地区洪涝灾害频发的季节。根据降雨量的骤增和速减，洼村建筑屋民居如图2-8所示，这种房屋主要分布400—600mm等雨量范围内，其中单坡顶房屋顶坡度在17°—20°之间，双坡屋顶

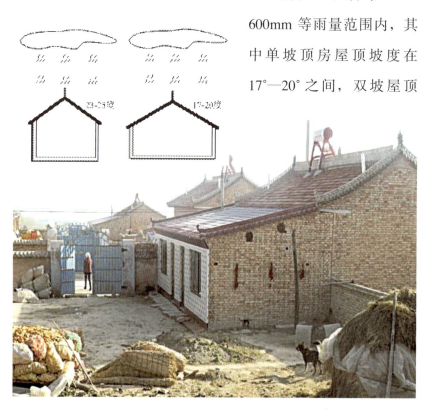

图2-8　民居屋顶坡度示意图及实例

坡度在 23°—25° 之间，降雨量越大，屋顶坡度越陡。单坡屋顶坡向倾斜于院落内部，有利于排水和收集雨水。洼村新建民居绝大多数是双坡屋顶，以一条正脊和四条垂脊硬山式为主，形态呈人字形，覆瓦屋面。

（2）气候温差与民居保暖

洼村冬季漫长而寒冷，年平均温度基本在 4—9℃（不包括高山），昼夜温差大（最大可达 20℃），冬季的严寒以及日温差较大，是人居环境生态营造的重要影响因素，因此，防寒保温是当地村落建筑建造的重点。山地背阴南坡朝阳地带就成了首选位置（图 2-9），而且由于山坡地主导风向是西北风，南向山坡除了充分接纳阳光外，这种基址还能够有效地阻挡寒流。院落围合保暖空间（图 2-10）四周以围墙和院墙相连接闭合成为一个整体院落，可以起到防风保暖作用。院落的外墙墙体结构厚重，就地取材，墙体一般采用生土夯筑，前墙用土坯砌筑，也有全部墙体采用土坯砌筑（图 2-11），砖混材料的民居是随着村落群众经济条件的改善，建筑材料的选择是因地制宜，直接选用资源丰富的黄土（主要是夯土、土坯，利用土的高热容、高热阻的材料性能）作为主要建筑材料，结合麦秸、秸秆、芦苇、砖石等辅助材料，经过简单的加工建成生土墙作为承重墙体或者主要维护结构，将墙体作为一种白天吸收太阳辐射热量、晚上

图 2-9   洼村选址"背阴向阳"

图 2-10   保暖的院落空间

图 2-11　民居土坯外墙

图 2-12　民居室内取暖布局图

释放热量的保护热源体，从而使得生土建筑具有冬暖夏凉的性能。生土墙体做成中空的夹层形式，中空部分作为烟道与室内火炕、火炉相连，可以充分利用火炕、火炉烧炕和做饭的余热增加室内气温，从而达到节能的目的。门窗洞口少而小，冬季寒冷，春、秋季节风沙大，民居多采用实墙体多，开门窗尽量少且小，几乎所有的正房北面及侧面不开窗，在洼村漫长的冬季全家人基本都是围炉而坐，屋中间的大火炉和靠墙搭建的大火炕几乎占去了堂屋的大半空间，使得房屋空间热能积聚，散热慢，堂屋兼有客厅、卧室、厨房的功能，做饭时散发的热量也可以为室内增温。

（3）采光遮阳与庭院布局

太阳能作为一种新型能源有着清洁性、长久性、普遍性等特点。洼村选择能够高效地开发利用的太阳能资源，是应对能源危机挑战的最佳选择。固原地区是宁夏乃至全国太阳能资源最为丰富、分布最为均匀的地区。年日照时数为 2082—2194 小时，由北向南递减，且太阳辐射能直接照射多、散射少，可以充分利用太阳能节约电能。全年平均总云量低于 50%，太阳能资源丰富。聚落采光，横向院落式的面宽远大于进深，通常面宽能够达到进深的两倍左右。建筑东西向展开，合理布局，朝南一字排开，前面留出的空地开阔宽敞。这时由于特殊的日照条件（纬度较高，

图 2-13 太阳能资源利用

图 2-14　民居遮阳防沙的门帘

太阳高度角小），充分利用太阳能资源，院落空间开阔，从而形成了较为丰富的光环境，充分满足了院落中居住建筑间的日照间距，尽量让每个房间都能接收到阳光。

院落留出的大片空地可以栽苹果树、梨树、杏树，也可以种菜养花。房屋外面的门帘实用性远远大于装饰性，冬天的棉门帘挡风御寒，夏天则换成色彩鲜艳的绣花门帘，遮阳防沙。盖房朝向选择上大多数为坐北朝南，因而，为了使房屋室内获得充足的阳光，当地民居建筑进深普遍较小，一般为3.5米。绿化与遮阳并重，庭院内中心多种植苹果树、梨树、枣树及花卉，通过植物光合作用控制阳光，涵养水分，对防风避尘也起到了很好的作用，从而调节建筑微气候。洼村民居建筑用厚重和高大的墙体围合了整个庭院，形成了一个封闭的、围护性极强的院落空间，院

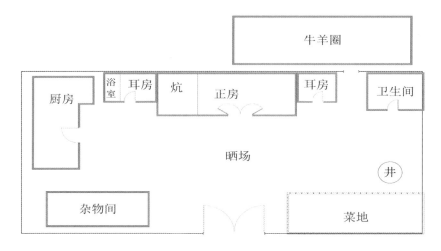

图 2-15　民居院落平面布局

落多采用向阳的合院，这样的布局能减少风沙对内部的影响和破坏力。屋顶铺瓦，外墙少装饰或贴瓷砖。

2. 河流水系与蓄水而居

宁夏回族自治区水资源空间分布不均，地区差异大。北部银川平原主要以农田为主，依靠黄河的灌溉水源，中部干旱带面积占 45.9%，土地荒漠化严重；南部黄土丘陵面积占 28.8%，"十年九旱、逢旱缺水"成为自然规律。按照 2010 年末人口统计值计算，宁夏人均水资源量加上国家分配的黄河水源，人均水资源占有量不足全国平均值的三分之一。水资源质量较差，地表水矿化度高、含沙量大，地下水资源埋藏较深，且多数为苦水，无法饮用。

水资源的总体状况决定了洼村的整体分布态势以及村落的分布密度，村落的维水性始终未变，由于降雨量极少，蒸发量是降雨量的数倍以上，地下水水质极差、不符合饮用标准。为了生存，洼村家庭都会用水窖（图 2-16）储水，利用水窖存储雨雪，沉淀后可以饮用，以备不时之需。水窖一般尺寸为深 4 米左右，窖口窖底均为圆形，直径 400mm，水窖对洼村村民具有生态人类学的价值意义。冬季，如遇降雪，家里人便会全家出动将沟岔的坚冰、山洼里的积雪收集起来倒进水窖，等到天暖消融成

图 2-16　民居水窖

图 2-17 民居集水设施示意图及实物（1）

图 2-18 民居集水设施示意图及实物（2）

窖水；夏季，在离窖口的附近留有进水的入口，以正房的坡屋顶作为集水面，水窖作为储存雨水的地下容器，导流管则是将集水面汇集的雨水输入水窖的通道。等到下雨的时候，雨水从屋檐汇集在一起流入窖中，以便人畜饮用和生活洗涤之用，这是生命之水。水窖也是财富的象征，以前家里有几窖水是结婚娶媳妇的必备条件。2017 年，洼村给每户村民埋设了自来水管道，自来水

图 2-19　民居院落植物绿化

已全村全线畅通，结束了村民靠水窖吃水的历史。但是水窖储水仍然继续存在，并没有因为自来水的使用替代窖水，首先是人畜饮用窖水省去了一笔水费开支，其次窖水村民都说是甜甜的，好喝，自来水发黄、有沉淀物且不好喝，最主要水管埋在地下，在冬季天气太冷就冻住了，要等到开春四月左右解冻了才能有水，所以窖水在洼村仍然是生命之水。除了用窖藏储水的方式来存贮雨水和雪水之外，洼村居住的院落空间格外注重水环境的创造。夏季虽然较短，但干旱炎热，因此庭院里种些花卉和蔬菜瓜果，一方面可以美化环境，使人心情愉悦；另一方面可以吃到新鲜的蔬菜水果，经济实惠，可以减少家庭支出，夏天村民基本不用买菜，院子里的各种蔬菜就已经够吃了，植物还可以覆盖表层土壤，涵养水分，减少沙尘，起到改善居住空间微环境的作用。

文化是一个民族对所处自然环境和社会环境的适应性体系，文化对自然的适应，包括民族文化体系中所有与自然环境发生互动关系的内容，生态环境对洼村居民的生态适应，表明这个民族的生计方式、生活方式、社会结构和风俗习惯等对所处生态环境的文化适应，地域的自然环境、人文环境以及社会经济环境深刻地影响并制约着传统乡土村落的演变和发展。传统乡土村落是人类在其漫长的生产生活中顺应自然气候条件、应对恶劣生存条件，结合地域文化条件不断创造、改造的最重要物质载体。自然环境的恶劣、自然资源的匮乏限定了洼村村落景观营建，从应对自然环境、气候条件的角度看，洼村村落顺应生态的选址特征和民居建造风格基本一致，更强调了适应地区文化村落的生存智慧。

第三章　洼村生计

　　土地是大自然赋予人类谋求生存和发展的根本，"乡土"意味着农业社会成员与农业生产的紧密联系，乡土社会，种地就是最基本的谋生手段。洼村农业历史相对短暂，村民的生计从一开始就与土地有着密切的关系。传统农业社会时空安排对农户生计具有重要的指导和塑造意义。恋土的生计在工业化、城市化进程中虽然呈现出多元化特征，但不会消失，会作为一种生计保障长久地存在下去。洼村农户生计运作在"生计决策"与"生计平衡"中会采取一个相对稳定的平衡来维持生计安全。通过对洼村乡村振兴项目的引进与农户生计之间的博弈进行分析，提出扶贫项目背后场域各利益主体"发展话语"和"隐藏文本"各自的生存逻辑。最后指出在互联网时代信息传播实践对农户生计产生的作用和影响。

一、农业生计的时间与空间

中国传统的乡土社会，有自己一套独特的时间观念。农业生产面对的是具有生物特性的庄稼，生物时间不用精确地划分，太阳东升西落，依照自然规律进行。中国传统节日的"四时八节"里，每个节日都蕴含了丰富的农耕文化、民俗文化、民族文化和宗教文化，这些文化嵌入在农业生产具有季节性和周期性的时空中，我们可以看到农事活动与生活节奏所具有的重要指导与塑造意义。中国节日的起源，从古代"观象授时"流传下来，作为农耕周期关节点的节气，往往也成为古代帝王举行各种庆典和仪式活动的庆祝日，因此古人对节气予以特别的重视。

对时间概念的理解与诠释，需要关注社会文化语境中时间与人的关系，通过文化的社会活动与实践，来理解该文化的时间建构与时间度量。人类基本按两种原则建构时间：一是基于对日夜交替、季节变换、植物生长周期规律等自然现象多观察与体验发展出的循环时间观；一种是从诸多事物的不可逆性中，建构出的线性时间观。[1] 在各自建构的时间观基础上，遵守该群体共同接

---

① 林淑蓉：《生产、节日与礼物的交换：侗族的时间概念》，载黄应贵主编：《时间、历史与记忆》，台北"中研院"民族学研究所 1999 年版，第 229 页。

受的时间度量准则，所有的活动都依照这一套准则和节奏安排，并被赋予丰富的文化意义和内涵。

1. 农业生计中的时间安排

乡土社会中的农业时间的安排是以农时和农事为基础，不同的节气对应着不同的农作物种植时间，必须在相应的时间内完成各自的播种安排，无法提前也不能懈怠，形成了自己的一套时间制度。在洼村一天的生活中，日出而作，日落而息，公鸡的叫声，太阳在天空位置的变动，以及根据个人的生理时钟为准的吃饭时间，都可以是他们测算时间的依据。而以笔者的时间概念基本以时钟为标准看，洼村的夏天的早晨 6 点钟天已大亮，冬天的清晨 7 点钟天才开始放亮，但太阳要到 8 点多才会出现在山头，没有要紧事的村民直到八九点的时候，才会看到从房里进进出出，开始为家人和牲畜准备食物。按照一成不变的生活习惯，打扫院落、喂牛羊、做饭、吃完早饭开始下地干活。对他们而言，时间的存在是象征性的，没有被实体化，干农活的时间是抽象的。在春种秋收的季节，农民起早贪黑，夜以继日，加速播种，快速收割，以免错过播种的最好时机，或使成熟晾晒的粮食遭雨淋湿，正所谓"人误地一时，地误人一年"。当秋收过后，万物凋零，进入肃杀的冬季，"老婆孩子热炕头"，长冬的闲暇娱乐时

图 3-1　农业时间的生产劳作

间也就到来了。哈布瓦赫（Maurice Halbwachs）谈到时间的"社会性"时指出，农业时间具有"等待性"特点：农民必须等待，直到稻谷结穗，母鸡下蛋，马驹长大，奶牛产奶，没有任何机制能够加速这些过程。① 可见，农忙和农闲，是嵌合在等待作物成长的自然节奏中，是不可违背的自然规律。

　　去地里干活时间自由得很，有干头了早上五六点就得起来，婆姨给做上饭吃完就走了，没干头了七八点起来也行

---

① Halbwachs, M., *The Collective Memory*, New York: Harper & Row, 1980, p.116.

呢，今天天好就多出力，这个活就赶着干，干掉了，就早回家嘛。我们这里靠天吃饭，就和赌博一个样，和老天爷赌，你看今年春上的覆膜玉米，下地种得早的都绝收了，种得迟的，就撞大运赶上有雨水这庄稼就长成了，我们这坡上种地，和你会不会种地、有没有技术关系不太大，主要就是和老天爷下不下雨的关系最大。①

　　乡土社会农业生产在时间上具有混沌性的特点，这种富有弹性的时间在村民看来，是"吃完早饭下地干活"并不意味着每天劳作的准时准点，"晌午收工"的概念也不意味着就是中午 12 点，"抽根烟的工夫"——休息的时间也不固定，这些貌似并不精准的时间单位在乡村实践中，却可能比工业化社会的时间刻度更能显示出遵守乡土社会的时间规律。村民的田间劳动可以是繁忙的也可以是兼顾的，去地里的路上顺便捡拾些牛粪，种地的同时可以带孩子，回家煮饭顺便在地里采摘些蔬菜，煮饭的时候撒把小米喂鸡等。人们在播种、收割、放羊等农忙的时节唱起劳动歌和花儿，以缓解疲劳和枯燥乏味；在农闲和傍晚的时候围坐在一起谝闲传、吼秦腔，以放松心情，联络感情；在节日和庙会中拜神祈福，花儿对唱，以庆祝当年五

---

① 报道人，HJL，男，41 岁，洼村一队的村民；访谈时间：2019 年 10 月 4 日；访谈地点：自家坡耕地边。

谷丰收，祈求来年风调雨顺；在仪式和典礼中表演祭礼和戏剧，娱乐祖先和地方神灵，以庇护家族兴旺、家畜平安。乡土时间观念的混沌性在现代理性观看来，是一种缺乏"时间观念"的表现，但事实上这恰是符合农业社会本身的特点。① 时间的计时方式在过去是几乎所有农民都能熟悉和掌握的，但是，这种计时方式在现在年轻的洼村村民那里并不通行，已经很少被年轻人掌握了，这是农业在洼村生计中的整体地位逐渐下降的结果。而这种计时方式的鲜为人知，也为镇上集市的书摊提供了一种生意机会，在三营镇集市的书摊上摆放着很多历书，它将各种计时方式（包括阳历、阴历、夏历、节气、星期等）包罗万象地全部记录下来，没有对这种计时方式全面掌握的人，只需花上 5 元钱就可以买到一本历书，历书还有另外一个名称，叫"万事不求人"，除了一些重大事件依然需要问询知识全面的专门地方长老外，一般的农事节庆祭祀活动据此历书也就都可以解决了。

涂尔干（Durkheim）将时间确定为人类基本的分类概念之一，他认为仪礼、节庆、公共仪式等在内的社会活动的节奏与周期性发生，一方面源于生活，另一方面也规范了社会生活，同一文化中的所有人以相同的方式思考与安排时间，于是形成了"社会时

---

① 李洁：《对乡土时空观念的改造：集体化时期农业"现代化"改造的再思考》，《开放时代》2011 年第 7 期，第 103 页。

间"。① 有多少种社会群体也就存在着多少种"社会时间"。② 人作为生活在意义之网上的动物，这个意义之网是用象征符号编织而成的，它包括物体、活动、仪式、关系、时间、空间等要素，是同一文化内部人们赖以理解世界，表述文化观念、价值体系及社会情感的媒介，而时间渗透于人类社会生活的各个层面，是文化中最基本的符号系统。当村民的土地收入不足以维持生计所需，需要摆脱植物性存在进入工业化社会时，例如学校、工厂、军队、医院等都具有自身特定的时间观念体系，按照工业化社会的时间安排，就必须遵守严格机械性的时刻划分进行劳作，然而一旦返回农村，他们立刻就返回到农业时间，不以时钟所刻画的时间为然。从这个意义上说，现代人的时间观念之所以能够成为现代最具支配力的计时方式，是与在工业化生产背景下，产生对工人完整的纪律与规训的需要，使其与生产的速度相一致，使自己遵从于一个人工构建的时间节奏③，以适应用工作时间长度赋予报酬，人们日益摆脱了自然时间的节奏，在生产商品使用的劳动时间的流水线中，时间单位变得日益精确，分钟、秒甚至毫秒

---

① E.涂尔干：《宗教生活的初级形式》，林宗锦、彭守义译，中央民族大学出版社 1999 年版，第 10—11 页。

② 李洁：《对乡土时空观念的改造：集体化时期农业"现代化"改造的再思考》，《开放时代》2011 年第 7 期，第 105 页。

③ 米歇尔·福柯：《规训与惩罚》，刘北成、杨远缨译，生活·读书·新知三联书店 2007 年版。

被发明出来，而这种节奏被视为现代生活无法避免的节奏，成为全球通用的时间认知与时间形式。

洼村目前更多的村民选择在闲暇时间待在自己的私人空间中看电视，电视转变为独自娱乐的工具。20 世纪 90 年代中期，洼村才有了第一台电视机，电视节目逐渐走入了洼村人的日常生活。村里老支书回忆说："记得那时看电视的人很多，天刚约莫快黑了小孩大人都把那家人院子里坐满了。"洼村目前电视的普及率已达到了百分之百，每家每户都有电视机，这表明，电视仍然是村落中村民拥有的主要传播媒介，电视经历了从黑白到老式彩电再到现在的液晶显示屏的发展，拥有两台电视机的家庭，有很多是城里亲戚淘汰下来的大屁股彩电。在政府实施了广播电视"村村通"工程后，政府又加大了对传统村的投入，在技术上确保了电视信号的传输，电视作为大众传媒信息来源和家庭生活的精神必需品，极大地改善了洼村大众信息传播的环境。从口头传播到电子传播，电视已深深渗入了村民日常生活之中，它打破了日常空间的封闭、狭窄和固定，家里房屋的墙壁不再是一个家庭与城市、国家及全球完全隔开的屏障，呈现出一个个和乡村社会生活截然不同的丰富多彩的外部世界形态，拓展了日常空间的视域。

村民从电视上看到的内容，电视节目表程序化了家庭生活的时间，起床就打开电视，睡觉才关电视，依照电视提供的时间框

图 3-2　洼村村民家中电视机

架安排自己的活动，这样规定着家庭吃饭、休息的时间，有助于建构出适当的日常生活形态。对于日常生活中电视的意义，英国学者罗杰·西尔弗斯通的《电视与日常生活》一书中有这样的描述："它既是一个打扰者也是一个抚慰者，这是它的情感意义；电视既告诉我们信息，也会误传信息，这是它的认知意义；它扎根在我们日常生活的轨道中，这是它在空间与时间上的意义；它随处可见，这么说不仅仅是指电视的物体——一个角落里的盒子，它出现在多种文本中；它对人造成冲击，被记住也被遗忘；电视彻底地融入到日常生活中，构成了日常生活的基础。"①

　　洼村村民对收视节目的喜好存在着差异，观赏性和娱乐性仍然是劳累了一天的人们放松的首选节目。中央电视台农业频道栏目《致富经》，主要介绍致富经验，有很多财富故事，在田野调查中发现，这样富有时代感的栏目村里人的特别喜爱，村民关注的焦点在这些针对农民生计设置的栏目上，因为离自己的生活不远，致富技能也适用于当地情况，也不会感觉是浪费时间，很有兴趣去看。最喜欢看的中央电视台的节目类型，排在前面的有法制节目、新闻节目、农村题材电视剧、古装电视剧、抗战剧和养生节目，有孩子的家庭表示少儿频道娃娃爱看，也爱看农业科技栏目，而对于地方电视台，最受欢迎的则是地方台新闻联播和播

---

① 罗杰·西尔弗斯通：《电视与日常生活》，陶庆梅译，江苏人民出版社 2004 年版，第 40 页。

放的反映农村生活的电视剧和抗战剧，贴近生活且能提起人的精气神。天气预报也是每天必看，获取天气信息对干旱少雨的地里庄稼最为重要，下种收割晾晒的时节都要紧盯天气预报。在洼村这样的山村，受交通条件、娱乐休闲设施不足和经济条件的限制，农民不可能经常外出到镇上享受各种娱乐休闲设施，只能通过电视给心灵以慰藉，提供精神支撑，观看电视的情感体验成为日常生活安全感的可靠来源。NZL 是一位 60 多岁的老人："家里的电视在客厅呢，只要在房间里就把电视打开，爱躺在炕上看电视，孩子们有时候都不在就消磨时间着呢，也不注意讲的啥。"随后孙女补充说："电视就是奶奶的精神支柱和催眠曲，看电视既可以提神又可以催眠。"[1] 可能对于农村的老人而言，电视里的声音犹如是一个自己的一个声音陪伴，而电视里具体演的什么内容或许并不是那么重要。

收看电视节目在看与不看、什么时间段看、看什么内容可以将电视与经济因素、邻里关系和闲暇时间联系起来。[2] 马克斯·韦伯在讨论阶级、地位与权力概念时引入了"生活方式"，认为生活方式是由经济状况决定的，生活方式的一致形成地位

---

[1] 报道人，NZL，女，56 岁，洼村妇女；访谈时间：2019 年 11 月 22 日；访谈地点：报道人家里。

[2] 金玉萍：《日常生活实践中的电视使用——托台村维吾尔族受众研究》，复旦大学 2010 年博士学位论文。

群体，对生活方式的认同成为群体内部凝聚和外部排斥的机制。[①] 但对生活方式的经济决定观点在 20 世纪 80 年代后逐步发生转变，有学者认为经济地位只是生活方式差异的部分因素，对生活方式差异的解释越来越突出个人的主观选择性，以及有多少闲暇时间可以利用，这是一个必须加以考虑的因素。[②] 在洼村，尤其是夏季农忙时节，田间劳动占去了一天大部分时间，看电视就会变成一件无足轻重的事情。村民 MFQ 说："我们麻达（指'事情'）多得很，别人干活回来累了看电视呢，我干活回来从来不看电视，吵得很嘛，睡不着。"[③] 家里除了老人和孩子，能有一天时间什么都不干坐在电视机旁看电视那真是忙里偷闲的闲暇生活，但农业耕种的特点决定了收看电视并不总是那么有规律，看电视的时间会随季节变化而变化，早出晚归在田里耕作和气候干旱少雨也加剧了村民时间安排的无序性，正看电视突降喜雨，就需要赶快拿盆和桶到屋檐下收集起来，用来洗衣、浇地、饮牲畜，以节约自来水的用水成本，还要赶快收起晾晒的玉米、糜子，以免受潮发霉。电视节目的有序安排总是被突发事件的无序干扰所打断，不利于村民形成收视习惯，

---

① 邢虹文：《电视与社会——电视社会学引论》，学林出版社 2005 年版，第 252 页。
② 威尔伯·施拉姆、威廉·波特：《传播学概论》，陈亮、周立方、李启译，新华出版社 1984 年版，第 176 页。
③ 报道人，MFQ，男，55 岁，洼村村民；访谈时间：2019 年 11 月 28 日；访谈地点：报道人家里。

必然影响村民的收视兴趣。冬季农闲季节，有了相对较长时间的闲暇，村民坐在家里炕头减少外出，收看电视时间的充裕了很多，看电视变成了传统村民的精神享受，也为洼村村民的生活带来许多亮色。

2. 农业生计中的空间安排

洼村的熟人村落体系使邻里之间交往比较频繁，串门聊天是度过闲暇时间的主要方式之一，反映在村落空间布局上，街道、小卖部这些不同空间部分联系着村落中村民的熟人关系，小卖部就在村里村部广场右侧，小卖部前面的广场有篮球场和健身器材，这是村民们打球、锻炼、玩耍、下棋、聊天的活动中心，也是洼村最富有生机活力的聚落空间。施坚雅认为这种村落小卖部为"小市"，他认为："作为地方产品进入较大市场体系的起点，它所起的作用微不足道。小市在中国农村的零星存在，其有限的职能及其处于较大市场体系的边缘地位，这一切使我认为它在中心地的固定等级之外……"① 但在村民需要的基本生产资料和生活资料自身无法提供时，小卖部就会有它存在的一席之地，作为村庄初级交换单位的小卖铺就会应运而生，村民只买不卖的初级

---

① 施坚雅：《中国农村的市场和社会结构》，史建云、徐秀丽译，中国社会科学出版社 1998 年版，第 6 页。

图 3-3　洼村篮球场地

交换虽利润小但却不可或缺。店里商品从生产资料到生活资料，涉及日常生活的种类都比较丰富，可以满足村民的基本需求，还可以代收发邮件、快递，为村民与外部世界进行交流提供了极大的便利。洼村人闲暇时间大部分都聚集在附近的小卖部周围，也并非都为了买东西，因为人多热闹，人越多意味着商机更多，各方的信息也多。在这个村域范围内村民们彼此非常熟络，家长里短，邻里是非，闲聊的话题从不会缺少。这些有一搭无一搭的闲聊扯磨，看似无主题无意义，却有着村民社会交往的需要，他们通过面对面的言谈话语和行为互动，用叙事的语句表达琐碎贫乏的日常生活，满足心理些许情感的充盈释放，也在家长里短中捕捉交换着生计的信息，形成村落中交往和生活的熟人社会空间，实现村落闲暇生活的文化意涵。在这里往往可以听到关于对乡村振兴政策、金融贷款、家里结婚生孩子等但凡周遭发生的大事小情的最新消息，而村干部也愿意将小卖部作为扶贫信息发布场地和民意搜集中心，以小卖部为载体，能够迅捷高效地搜集村民意愿，自觉组成了洼村传统人际信息传播的集散地，闲暇文化的策源地，从而起到了聚集人气的效果和整合社会关系的功能，逐渐形成乡村秩序的传统人际传播新阵地。小卖部的这种信息集散功能，用叙事的语句表达琐碎贫乏的日常生活，在洼村是无可替代的、村部、医务室、学校、村民个人的家院，都完成不了这个功能。村部的信息传播是自上而下单向的；医务室和学校的自身功

图 3-4　洼村小卖部

能性太强，缺乏轻松的交流环境和意愿；村民个人家院，信息的
专属性和信息保护性太强，不利于共享。在乡土中国持久的历史
传承所形成的生计哲学中，洼村农户的生计空间既是一个自然生
态领域，又是一个社会生态领域，地理村落自然生态为农户生计
提供生存空间的同时，更需要强调一个相互协作的社会体系对农
户的生存意义。

　　洼村辖区面积约 8.6 平方公里，包括洼地、梯田山地、陡山、
沟渠等，村里的旱地分布在村落周边的缓坡上。旱地种植的作物
主要有玉米、马铃薯、燕麦、苜蓿，传统生计具有"杂"的特性，
因为在此前长久的历史时期倾向于生活在一种自给自足的状态

中，他们需要在特定的（几乎不会有太多改变的）生计空间中尽量解决一切生活所需。生计空间的安排基本受自然生态的限制而产生，由于靠天吃饭和劳动力的缺失，使得传统的农业生产在整体生计中所占的比重急速下降，迫使劳动力转移出去进行别的生计探索，年轻人能够抛弃锄头走出村庄，显得作为传统生计活动的这一系列空间看起来已经不那么重要了。但是传统的农业生计显然还发挥着不可小觑的作用，仍然有大量的老弱劳动力投入在田地里从事着传统的农耕，尽管被限定在这种生计方式上的农户感觉到这是一种无可奈何的选择。传统村落生计空间的安排相对于农户而言，具仍有深刻的生存意义。从生计空间的性质来看，生态村同时存在着分散扩展多维样态的生计空间，农户外出务工扩展了生计空间，山大沟深的地理位置阻碍了很多年老的农民走出来，他们更习惯守着几亩田地，养几头牛或喂养几只羊。但迫于家庭盖房、结婚、教育、医疗等货币支出需要的压力加大，农户家庭中的中年劳动力也开始外出务工赚钱，过去主要是青年人外出务工，现在基本上中年人能外出的也外出了，外出打工改变了村民的收入结构，务工收入日益成为家庭的支柱。封闭生计空间的开放表现为从区域内空间向区域外空间的扩大，从内向型社会空间向外向型社会空间的延展。外出务工，一个月的收入甚至就可以抵得上种地一年的收入。

二、传统生计中的决策与平衡

传统和现代两种不同的生计方式，实则是对自然资源利用的不同主导思想作用下的产物。在未被商品经济缠绕的传统社会中，自然资源的多样性在各种各样的生活所需中或代表文化的价值中被大量体现。这样的社会所追求的是自然多样要素的稳定利用，以及社会和生活的持续性，是根据生态系统理论来利用自然，以获得使用价值为目的。从洼村农户的生计实践来看，经济活动正在处于一种博安南所说的"多中心交换"状况，并且由多中心交换向单中心交换发展，货币在这一转变中"催生了它本身的革命"①，货币成了区分"传统"和"现代"的符号标志，从传统生计社会中存在的非货币形态的、以礼物互惠关系所主导的世界，逐渐转变为以现代社会的经济体系中货币的、商品消费关系所主导的世界②。在张老汉家场院里，碰到他的邻居，告诉我说："以前是自己养羊养牛，去年玉米这些青贮饲料都旱死了，今年饲料就涨得厉害，养了划不来账，家里也不养了，你想吃肉就要

---

① Paul Bohannan, "The Impact of Money on An African Subsistence Economy", in *The Journal of Economic History*, Vol.19, No.4, 1959, pp.492–503.
② 付来有：《货币、道德与秩序：评〈货币与交换中的道德〉》，《社会学评论》2016 年第 2 期。

到集上去割了。过去用水窖的水不花钱，没有太多的家用电器也花不了很多钱，现在装上了自来水、拉上了电，水费一方3.5元钱，人畜饮水差不多3天就要一方水呢，电费现在是0.41元钱，一年下来也要300多块钱，这些都收费着呢，吃菜也要去镇上花钱买呢，感觉是要花钱的地方也越来越多了。"①

1. 农户生计调查样本基本情况分析

为进一步了解洼村农户生计情况和不同类型农户的收入差距，制作入户生计调查表，主要对农户性别、文化程度、年龄结构、家庭收入、家庭支出等基本情况数据进行统计分析。

（1）调查样本性别构成

入户调查样本点随机抽取为洼村二队，二队共有453人，共发放100份问卷，收回有效问卷98份，回收率98%。共随机调查98个家庭，352名家庭成员，户均人数3.6人/户，其中男性161人，占总调查样本的46%，女性191人，占调查样本的54%，女性比例高于男性。

---

① 报道人，JFL，男，59岁，洼村二队农户；访谈时间：2019年10月4日；访谈地点：农户 ZHL 家场院里。

（2）调查样本文化程度构成

调查人口文化程度划分为文盲或半文盲、小学文化程度、初中文化程度、高中文化程度及高中以上文化程度共五个教育序列（见表3-1），指标值不以是否毕业为标准，只要在这个教育序列上读过就可以算。从调查统计数据看，调查样本中以小学文化程度的人口数最多，所占比例为40.62%，排在第二位的是文盲或半文盲人口数，所占比例为35.79%，文盲中以老年人和妇女居多，高中以上文化程度所占比例最小，为0.86%，说明洼村普遍文化程度较低。

表3-1　调查人口文化程度统计表

指标值	文化程度				
	文盲或半文盲	小学	初中	高中	高中以上
人数（人）	126	143	68	12	3
所占比例(%)	35.79	40.62	19.32	3.41	0.86

资料来源：洼村人口登记花名册。

（3）调查样本年龄结构

如表3-2所示，2020年洼村人口年龄结构中，少儿组（0—14岁）和老年组（65岁以上）人口比例较大，高于联合国规定的老年型社会65岁及以上人口超过7%的标准，达到15.06%，老年人口占比较高，需要赡养人口相对较多，赡养负担相对较重。发达国家人口的年龄结构变化规律，基本上都是随着经济发展生育人口减少，逐步由青年型、成年型过渡到老年型社会。成年人口占比不高，说明经济活动人口不足，人口年龄结构向老年型社会转变，劳动力普遍年龄偏高，难以承担繁重的农业生产活动，这对洼村家庭生计、生活方式也产生一定的影响。

表 3-2　调查人口年龄结构

2017 年		
年龄段划分	人数（人）	百分比（%）
0—14 岁（少儿组，生于 2003—2017 年）	67	19.03
15—64 岁（成年组，生于 1953—2002 年）	232	65.91
65 岁及以上（老年组，生于 1952 年以前）	53	15.06

资料来源：洼村人口登记花名册。

（4）农户收入构成

受城市基础设施建设、城市化进程加快的影响，在全国非农产业迅猛发展势头的带动下，洼村农户多数出去打零工、散工，少数从事家具行业、出租车运输业、服务零售业、自己开办企业等，高学历的年轻人在城镇上班，洼村农户的生计方式越发多样化，非农经济收入逐渐成为家庭收入主要来源。家庭收入的话题在农村较为敏感，因此基本上只要问清家里有多少亩旱地，都种植哪些农作物品种，养殖牛羊头数、家禽只数，外出打工进入哪个行业，从事什么工种，打工一年在外面干了几个月，就基本能够摸清这家收入的家底。将洼村农户家庭收入分为生产性收入和非生产性收入两部分（如图3-5所示），货币收入对于农户生计而言显得更加重要，究竟能够在多大程度上增加货币收入，这是家庭生计首先要解决的问题。洼村农户家庭生计主要从两个方面来经营，即收入和支出，在安排自己的生活时也要从两个方面入手，做到开源和节流。

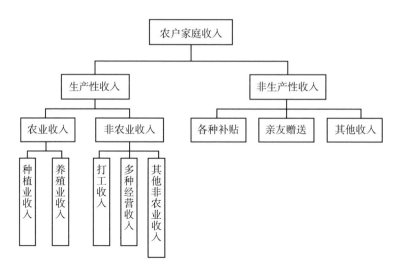

图 3-5　农户收入构成

按照国际上描述农户收入分配差距常用的五等分法，将调查样本的人口总数按收入多少五等份分组，用20%最高收入家庭和20%最低收入家庭之比的倍数说明总体收入差距程度。调查区洼村村民按其收入家庭之比的倍数说明总体收入差距程度。

表 3-3　不同类型农户人均收入额度及主要来源

农户类型	户数比例	人均年收入（元）	收入主要来源				
			种植	养殖	打工	工资	多种经营收入
普通户	户数(19)	4370—4690	10	6	3	0	0
	占普通户（%）		52.65	31.57	15.78	0	0
中等户	户数(60)	4730—12790	9	21	19	0	11
	占中等户（%）		15	35	31.67	0	18.33
富裕户	户数(19)	13510—35680	0	3	8	1	7
	占富裕户（%）		0	15.79	42.10	5.26	36.85

资料来源：田野调查入户统计所得。

调查收入家庭之比的倍数说明总体收入差距程度。调查样本洼村村民按其收入情况分为三大类，即前 20%（共 19 户）为普通户，后 20%（共 19 户）为富裕户，中间的（共 60 户）为中等户。由表 3-3 可以看出，在调查的洼村 19 户普通户中，人均年收入水平在 4370—4690 元之间，其中 10 户普通户家庭收入的主要来源仍然是传统的种植业，并且家庭成员主要以双老户为主，其种植种类多为粮食作物，其次是养殖业收入作为家庭收入主要来源的，以养羊为主，多种经营收入在普通户收入中占很少一部分，且这些收入多是来自外出打零工，主要是建筑工地小工、饭馆打工、季节性去新疆摘棉花等，在普通户中没有以固定工资为主要收入来源的家庭。洼村者老汉是一队的双老户，去他家时他刚从地里拉了玉米秸秆，准备粉碎了作为羊的饲料，他一边干着手里的活一边和笔者聊起来家里的收入账："地里种了几亩洋芋，自己吃一点，剩下的都卖了，一亩地雨水好了能挖 2000 斤，洋芋今年价格是一斤 0.36 元，总共卖了有 1000 元左右，地里还种了点糜子，糜子草给牲口吃，人也能吃米，就是小黄米，可以省下点口粮钱，剩下的全部种玉米了，玉米今年一斤 0.46 元，我没卖，家里的羊都等着吃呢，靠地里的庄稼是靠不上的，只能搞养殖，牛我们都买不起也喂不起，小牛要 7000—8000 块钱买进来，一天十斤草，3 斤料，草一斤 3 毛钱，料 1 斤 7 毛钱，一天的草料至少 5 元钱，半年下来就是 1000 元钱，养差不多半年以上才能卖出去，价格在 14000—15000 元之间，中间除去草料、打疫苗、吃药，一头牛最多能剩个 3000 块钱，累死累活养牛不行了，挣不上钱，我现在养了 8 只大羊，还有 4 只小羊羔，羊是200 多（元）一只买来，喂上 3—4 个月，好了就能卖个 600 块钱一只，养羊没有养牛辛苦，我觉着也划算，我和我家婆姨就靠这个呢。"① 中等户的人均收入水平在 4730—12790 元之间，中等户调查人群中主要以经济作物种植收入为主，传统的粮食作物种植已经很少，而且养殖业和打工收入作为收入的主要来源，多种经

---

① 报道人，HJL，男，66 岁，洼村一队的村民；访谈时间：2019 年 11 月 7 日；访谈地点：自家院墙外边。

营的项目开始扩展到了第二、三产业，包括收废品、买卖牛羊、装修工、开出租车或挖掘机等技能型生计。者会计在村里当了近30年会计，说起他的家庭收入情况，慢条斯理，娓娓道来："我家里一共有50多亩地，加上种的别人撂荒的地加起来有100亩地，种25亩大燕麦，主要是喂牛的草料；5亩荞麦，一斤卖3—4元钱；豌豆种了10亩，卖1.5元一斤，一亩能产200斤；中药材种的板蓝根，和种玉米是一个样的，种了15亩地的；还有20亩苜蓿，也是喂牛的；还有17亩玉米，今年雨水好，能收个1500斤左右；还种了8亩洋芋，现在正开花着呢，预计着一亩地能收2000多近3000斤的样子，白露过了9月份收，自己家里能吃个1000斤，剩下来的就卖了，去年一斤在0.35—0.37元之间，今年应该会便宜，收成好，养了5头牛，草料要2000—3000斤备上。光种玉米家里人手不够，各样都种上点，能岔开，就这我们老俩一天从早上往黑里干着呢。"① 富裕户的人均收入在13510—35680元之间，富裕户家庭中打工为主要收入来源的家庭比例最高，排第二位的收入主要来源为养殖业，以养牛户居多，还有一户是养鸡专业户，多种经营收入主要是建筑包工、开修理摩托车店、大车货运和在外面开餐馆，以种植业收入为主要收入来源的家庭没有。在进入洼村的路口转弯处，兀然耸立着一栋如别墅样的红顶

---

① 报道人，ZSR，男，59岁，洼村会计；访谈时间：2019年11月7日；访谈地点：洼村村部党员活动室。

镶砖二层小楼，这在一个深山的传统村里显得格外夺目，笔者特别好奇地问了村支书这户人家是如何致富的呢，好像比村里其他家庭富裕了好几个档次，这比城里的房子盖得都气派很多，村支书把笔者领进这家院里介绍说："他家能致富和村里没啥关系，别人都学不了，是当年他家掌柜的有眼光，在城郊买了几亩地，都用来盖上了房子，等到政府搞城镇化建设征用土地时，就给了他家几百万的拆迁补偿款，你看看他家种的就是'水泥庄稼'，这是'种房子'赚下的钱，到去年城里的房子都征完了，他家掌柜的回来重新建了这栋房子，说是花了80多万，这也是村里最富的富户了，本来他在院子前面的空地上盖了四排牛舍，想着养牛呢，结果最后决定养鸡了，说村里都是养牛的，觉得不行，临时改成养鸡场就养上鸡了，小鸡和三黄鸡都有，养了一万多只鸡，三个月就能出栏，我上次问了一下，一年能赚近百万，这种人你要服气呢，有经济头脑，干啥都能成呢，出去学个养鸡回来就干上了，养得像模像样的，不知道的以为养了好多年了呢，这村里想着下一步让他带动其他农户也把鸡养上，那要一起致富呢。"①

洼村双老户、单老户和残疾户，全部以低保收入为主要来源，每人每月领取220元或180元，80—90岁老人每人每月领取270元，90岁以上老人每人每月领取500元，同时纳入每年的慰问当中，

---

① 报道人，MDL，男，55岁，洼村村支书；访谈时间：2019年11月8日；访谈地点：MKL家养鸡场。

图 3-6　富裕户的楼房和养鸡场

生活来源还包括儿女抚养费和亲戚赠送。[①]

（5）农户支出构成

农户的支出一般分为生产性支出和生活性支出两大类，生产性支出主要包括种植业上的投入，比如购买种苗、地膜、化肥、农药等，在养殖业上主要是购买仔牛、饲料、羊羔、畜舍等的投入。生活性支出主要包括食物消费、日常生活用品消费、燃料、用电和水费、婚姻、住房、医疗、教育等方面（见图3-7）。

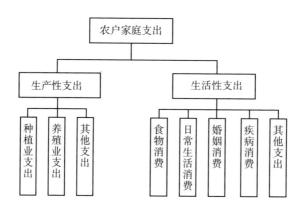

图 3-7 农户支出构成

一般情况下，农户对于生产性支出记得比较清楚，一年四季的投入波动变化不大，在生活性支出中大件物品的消费支出和人情消费支出会记得比较清楚，平时零花的小钱记忆比较模糊。在

[①] 金晓霞：《农民生计多样性与农村居民点布局关系的研究——以丰都县为例》，西南大学 2008 年硕士学位论文。

日常生活中太阳能替代用电，牛粪替代用煤烧炕，这样既节约能源，又节省支出，在洼村家庭里广泛使用。在食物的消费方面，很多农户都是采取自给自足的方式，自产粮食、自种蔬菜、自养禽畜，其消费数量很难用货币来衡量。将农户的支出项目按集中情况大类可分为生计支出、日常生活支出、婚姻支出、医疗支出、教育支出等几方面，普通户和富裕户的消费支出差距很大，基本相同之处都以食品消费为基础，这是最基本也是最重要的生存消费，差别最大的是在生产性支出上，富裕户会更重视在生产中的投资，现代消费比例明显高于普通户。洼村山大沟深交通不便，所以交通费用支出比重增幅较大，这也与外出打工息息相关，几乎家家都有摩托车、三轮蹦蹦车，小轿车也进入了部分农户家庭，富裕户出行的次数明显高于普通户。在医疗支出方面，因为居住环境基本相同，医疗水平也相似，但医疗花费在不同类型家庭的消费程度差异明显，一般家里有钱的患重病家庭都会选择到大医院和区外医院医治，而普通农户拥有现金少，一般只能选择先从吃药开始医治，大病报销都是在治疗过程结束后，所以在预先不能支付现金时，医院不会采取治疗措施，所以会选择在家进行保守治疗，这样花费较少。教育费用的支出在各类型家庭中所占比重不高，因为除有国家义务教育的支持外，职业教育的补助力度也较大，因交不起学费而辍学的家庭已不存在，教育费

用的支出不会在家庭开支中占很大部分。[①] 婚姻消费支出是刚性
需求，是农户支出的最大笔费用，这部分内容会在第五章里做详
细分析论述。

洼村的生计属于亦农亦畜型，生计结构初现多样化特征，农
事安排与农户的生活融为一体。在下一节中，通过对自给性作物
的多业态并存的种养植业的农事安排，将农户生计运作的内在机
制分解为"农户的生计决策"与"农户的生计平衡"两个维度进
行分析。

三、农户的生计决策影响

洼村农户根据其拥有的旱地数量、养殖头数、饲料供应和变
化着的市场需求情况，会随时调整和改变其生计活动方向和策
略。拥有不同生产资料的农户根据自身的具体情况和可能获得的
收入前景而采取不同的生计决策，最终不同的生计决策将是导致
不同生计方式的最直接原因。这里提出的"生计决策"，是特别
强调处在边缘化的农户，在多重外部条件影响下，为了保障最基
本生活状态而选择谋生机会所作出的决策。

---

① 金晓霞：《农民生计多样性与农村居民点布局关系的研究——以丰都县为例》，
西南大学 2008 年硕士学位论文。

1. 自然环境

自然环境对农户生计方式影响最为紧要。不同的地理方位和气候条件决定了农户对不同作物的选择，也就限定了农户的生活样式。从洼村的自然环境情况来看，第一章的生态环境部分已经从地质、水文、气候、土壤分析了洼村生态环境情况，这就决定了洼村适宜种植的农作物种类有玉米、土豆、苜蓿、糜子、枸杞、油菜等，适宜养殖的家禽家畜有牛、羊、马、驴、鸡、鸽等，农户的传统种养殖发展可以在适宜的品种中作出选择。农业生产技术、养殖技术、生产工具等，这些技术条件直接决定了农户种、养殖发展的效率，影响着农户对作物的不同选择及比重安排。①

根据表3-4所示农事安排表，洼村传统生计模式明显地呈现为农畜并存的格局，并且种养殖业之间可以交错进行，相互兼顾，在时间序列上表现为相互重叠态势。即在各种蔬菜育苗、栽种、生长、管理、采收、出售依次进行的同时，家庭饲养的家禽和家畜还需要照料。这一系列特点乃是农户适应于干旱山区地形、地貌、气候和生态系统异质性差的环境事实而作出的文化适应。也就是说，传统生计展现出的是一种文化生态的耦合

---

① 李健强：《发展的实践与隐藏的文本——那些致力于贫困农户生计改善的项目是如何失灵的?》，西北师范大学 2010 年硕士学位论文。

表3-4 传统农事安排表

月份		二月	三月	四月	五月	六月	七月	八月	九月	十月	十一月	十二月	正月
农事安排		整土播种阶段				管理时段		收获时段			入冬准备		过年
传统种养殖业	玉米	整土育秧	移栽秧苗	施肥	施肥除草	视情况再除草一次		收获、晾晒、储存				冬季气温低,会有降雪出现,以农闲为主,结婚办喜事主要放在这两个月	
	高粱			栽种	施肥除草	视情况再除草一次		收获、打场、储存					
	马铃薯	栽种	田间管理			收获		储存、选种					
	院落蔬菜		种植	辣椒、茄子、西红柿、豆角、芹菜、黄瓜等各种瓜果种植							腌制萝卜、酸菜		
	畜牧	终年饲养羊、牛、鸡等,出栏不固定,多在宰牲节等节日出售或自家食用											

资料来源:田野调查所得。

体系。① 这样的传统生计在生态系统和与之相匹配的生物物种之间,表现出的特点是:第一,所涉及的物种较为丰富。从表3-4中不难看出,玉米在种植中占有重要地位,同时并行种植土豆、糜子以及白菜、辣椒等蔬菜,除了种植外,饲养的家畜主要是羊和牛,而且这些牲畜的饲养与其生活质量直接相关,甚至是他们

---

① 罗康隆:《论民族文化与生态系统的耦合运行》,《青海民族研究》2010年第2期,第65页。

现金收入的直接来源。造成这种状况的原因，是传统生计是一种自给性很强的生计模式，人们生活中的衣、食、住、行各个方面客观需要涉及众多生物物种的利用，在外界补给困难的背景下，他们的农、牧多业态并存自然要涉及多种多样的生物物种，人与生态环境之间存在着多样化的生物资源多层次的复合利用；第二，生计作业有农忙、农闲之分。刘易斯在《二元经济论》中曾经指出，传统社会与现代社会的明显差异正在于传统社会有很漫长的农闲时段，可以节约出大量的剩余劳动力来，并进而假设，如果把剩余劳动力转移出去作为资本的原始积累来源，就可以做到推动传统社会向现代社会的过渡。[①] 他们在一年四季的劳作中，作物种植靠天吃饭，只有牲畜饲养是一天也不能中断的，在过年的那两个月，田间种植的劳动力投入大大减少，整个生计活动都有相应的节律安排，连贯有序，周而复始，一刻也不曾中断。[②] 在传统的种植业生计中种植各种蔬菜，生计变迁后也种植各种蔬菜，不同之处在于，之前仅为自己食用或者以喂养牲畜为目的，而今却是为了换取现金而种植。洼村的传统耕作方式依然是广种薄收，这样的技术条件严重限制了农户的生计选择空间。近年来，现代农业技术也对农户的生产活动产生影响，主要是农药化

---

① 阿瑟·刘易斯：《二元经济论》，北京经济学院出版社 1989 年版，第 156 页。
② 崔明昆、汪斌：《从玉米到蔬菜：一个山镇生计变迁的文化生态解读》，《原生态民族文化学刊》2015 年第 12 期。

肥已经广泛使用，地膜种植通过项目也开始在逐步引入。但总的来说，农业技术在一定时期内不会有重大变化，农户的生计选择严重受此限制。①

2. 国家政策

扶贫政策大背景也是影响传统生计决策的重要考量。一方面，政府的一些政策会对农户的生计造成不同程度的影响。就洼村而言，政府的封山禁牧政策使得农户放牧养羊的生计链条断裂；另一方面，政府制定的各种支农惠农政策，为农户进行生计改善提供了条件和机会。包括产业就业振兴政策、退耕还林补贴、民政惠民政策、医疗救助、金融扶贫、教育补助、特困人员供养以及农户遭灾可以得到国家的保险补助等各种社会保障。洼村急需的金融小额信贷，贷款额度为 10 万元以下（含 10 万元），贷款期限 1—3 年，为有发展意愿和一定还款能力而缺乏发展资金的农户发放小额信用贷款。民政惠民政策有高龄老人在 80 周岁以上（含 80 周岁）每人每月可领 270 元津贴，90 岁以上老人每人每月可领取 500 元津贴，五保户集中供养每人每月发放标准为 440 元，分散供养，每人每月发放标准为

① 李健强：《发展的实践与隐藏的文本——那些致力于贫困农户生计改善的项目是如何失灵的?》，西北师范大学 2010 年硕士学位论文。

262 元。职业技能培训补助,取得 B2 驾照以上,一次性补助
4000 元,取得 C 照的一次性补助 2000 元。这些都起到了重要
的保驾护航的作用,免除了农户的后顾之忧,只要思考如何干、
怎么干,投入更多的精力用在对生计方式的选择和乡村振兴行
动上。

3. 地方市场

除了自然环境与国家政策影响外,导致这一变迁的是市场需
求,而且交通条件也决定是否能确保把农、牧产品运抵市场销
售,市场成为影响农户生计空间最为重要的外部因素。随着市场
经济对农村地区的冲击,完全独立于市场的农村社区已经不存在
了。相反,随着市场分工的不断细化,即便是偏远地区的小农也
被卷入其中。洼村的旱地种不了小麦、水稻等农村地区的传统主
粮,而是必须通过种植经济作物和发展养殖业并通过市场交换来
获得货币用来购买食用的粮食。这样,作物的市场价格以及价格
的稳定性,就成为影响农户生计的重要因素。另外,农资的价
格、距离市场的远近、市场信息的获取等也是影响农户生计选择
的重要条件。①

---

① 李健强:《发展的实践与隐藏的文本——那些致力于贫困农户生计改善的项目
是如何失灵的?》,西北师范大学 2010 年硕士学位论文。

　　随着我国整体经济实力的提升，基础设施建设特别是交通条件的迅速改善，使得原先边缘的传统村产出的农畜产品也可能快速运到集镇。农村有可能不断地扩大种、养殖的规模，用于提供给乡镇居民消费并换回数量可观的现金收入。在大山里洼村农户沿用传统的种、养殖办法并从中获得微薄的收入，但随着出村道路已经修建好，经济作物种植的利益很快就反超了玉米种植，从而推动了对玉米地使用置换的过程。与此同时，积累起来的现金收入可以通过超市直接购进米面油，从而使得原先主要供人畜共同食用的玉米变成了纯粹的饲料作物，这样种植规模也会逐年下降。而人们对面食的喜好又反推了蔬菜种植规模的扩大，从而加快了从玉米到蔬菜的置换速度。

　　就目前的情况看，其置换后的最终规模是在经济作物与玉米等种植规模之间，取得了一个新的平衡关系。农户依然需要种植一部分玉米满足饲养需要，只不过其他经济作物在经济活动中的价值更加凸显而已。虽说传统的种植技术和组织方式尚未发生根本性的转变，但就本质而言，他们是被拖入了市场经济，他们还没有实现彻底适应市场经济的文化转型。在院落、小块平地上种植大棚蔬菜，大部分农户只会种小油菜，小油菜不需要很多的田间技术管理经验，只要温度、水量调节好，就能有好的收获，但这对于生物多样性的维护明显不利。另一方面，种植大棚蔬菜必然会增加病虫害暴发的风险，农药和化肥的滥用事实上会在无意中潜滋暗长，从而留下巨大的生态隐患。

　　进而还需要注意到，这样去种植大棚蔬菜客观上存在着较大的市场风险。原因在于小规模种植，他们仅适于辅助性地种植一点才得以暂时获利。首先，要掌握基本种植技术，如秧苗的培育与移栽，田间杂草和农药的管理等，尤其后者与传统的田间管理很不一样，所以老一辈很难独立完成种植。其次，蔬菜种植是为了外销，交通工具是三轮蹦蹦车、皮卡，所以田地必须尽可能靠近公路也成为另外一项硬性限制条件。于是，就整体而言，在一定程度内实现蔬菜作物对玉米、土豆的种植置换，传统的自给自足生计模式被打破，但收益不大，农户的这种双向的生产与消费是现代商品经济的特征所在，并在很大程度上丰富人们的生产生活，因为"现在买什么都方便"。此外，人们在种菜本身上产生出越来越多的"惰性"，表现为对肥料、农药的依赖，农户懒得花更多的精力去搜集和储存农家肥，因为有现成的商品肥料可以买。卷入市场后生计方式随之发生变迁，多种植经济作物，不错的现金收入是其最大的诱惑，人们会失去耐心去与所处的生态环境对话，只是重点关注于能快速来钱的作物种植，生计变迁背后其实是社会文化的整体性变迁。①

①　秋道智弥、市川光雄、大柳太郎：《生态人类学》，范广荣、尹绍亭译，云南大学出版社 2006 年版，第 113 页。

4. 土地贫瘠

土地是农户的生计之本。首先，土地面积的大小决定了农户生计方式选择的多少。当土地较多时，农户可以采取多元种植的策略，增加生计选择的空间。其次，土地的质量决定着作物的产量，当土地质量较高时，农户的生计稳定性就较高。就洼村情况而言，人均约有 20 亩地，由于坡耕旱地比较贫瘠（特别是受气候的限制），农户就只能在有限的几种作物中进行选择，使得农户只有较小的选择空间，并采取单一化的种植方式。一般而言，农户在生计的安排中，采取的策略基本是土地的最大化利用。这可以解释洼村在种养殖业项目的选择上，具有极强的趋同性，始终难以突破既定的生计框架。就洼村农户而言，土地种植的差异性不大，受到外部环境诸多因素的影响和制约，生计空间形塑了有限生计选项的排列组合，所面临的外部生计空间基本是一样的，但为什么村落内部不同农户之间还存在发展程度的差异呢？这就需要从生计空间的内部要素来进行解释，即不同农户在土地、劳动力和资本投入上的差异性决定了农户的生计水平的高低，也就是说决定发展程度差异最主要的因素就是劳动力的因素和资本的投入。①

---

① 李健强：《发展的实践与隐藏的文本——那些致力于贫困农户生计改善的项目是如何失灵的?》，西北师范大学 2010 年硕士学位论文。

四、农户的生计平衡取向

在宏观层面阐释农户生计安排的影响因素，说明农户生计结构不是主观随意的产物，还有其客观实现和结构性限制后，我们思考如何选择最优化的生计方式，以获得稳定而有效的生计。下面将从微观层面进一步来讨论农户生计安排背后的逻辑行为。

洼村农户的生计方式呈现出从传统种植业、养殖业等农业经营为主向外出务工、做小生意、贩运等非农就业为主的转型趋势，转型同时也是一个分化过程，根据谋生手段和能力将洼村农户生计类型分为缺失型生计、基本型生计和发展型生计三种类型（见表3-5）。①

表 3-5　农户生计类型划分

生计类型	表现	基本生计活动
缺失型生计	农户难以充分利用自然资源和家庭资产回应经济机会，无力实现生计多样化。农户缺少知识、技能和劳动力，与外部基本无联系	从事单一种植业并加上少量养殖业

---

① 信桂新等：《新农村建设中农户的居住生活变化及其生计转型》，《西南大学学报（自然科学版）》2012 年第 2 期，第 124 页。

续表

生计类型	表现	基本生计活动
基本型生计	农户积极利用当地自然资源和家庭资产,采取种养结合组合方式。农户缺少知识、技能和社会关系,生计依赖于农业生产	种植蔬菜、小杂粮等经济作物,养殖牛、羊、鸡等畜禽
发展型生计	农户利用经济机会,重新分配劳动力,务农之外,寻求新生计。农户一般拥有较多的劳动力和较高的知识技能,与外部联系紧密	非农活动(打工、做生意、运输、家庭副业等)和农畜生产相结合

斯科特1976年出版的《农民的道义经济学——东南亚的反叛与生存》一书中认为:"典型的情况是,农民耕种者力图避免的是可能毁灭自己的歉收,而不想通过冒险获得大成功、大横财。用决策者的语言来说,他的行为是不冒风险的;他们要尽量缩小最大损失的主观概率。"[①]斯科特认为只有处在边缘的农户,才更具有生存伦理的特征,而对于那些富裕的农户,或者防范风险能力较强的农户来讲,并不一定符合"安全第一"法则,他认为农户在危及生存的情况下会放弃一定的效率来追求稳定的收益。那么,农户是如何来权衡生计的风险与效益的呢?首先,处在边缘的农户,在自然环境和生产条件极为恶劣的山区,向贫瘠

---

① 詹姆斯·斯科特:《农民的道义经济学——东南亚的反叛与生存》,程立显、刘建等译,译林出版社2001年版,第6页。

的土地讨生计，谨慎地选择"安全第一"①的生存原则，其首要
标准是收获的可靠性和稳定性，而不是按照利益最大化的原则安
排自己的生计。因为对于普通农户而言，只要有助于吃饱穿暖，
如果需要付出更高的成本或者只有更低的效率，他们也是甘愿付
出的。正如詹姆斯·斯科特指出的那样："在小规模占有土地的
生存经济中，尽管存在严重缺陷，但农民家庭知道，如果收成很
好，吃饭问题就大致上有了保障。然而，如果农作物上市出售，
或者以现行价格来为交租、纳税、付利息的部分农作物作价，那
么就没有任何食物供应的保障了。"②实际上，在环境闭塞、交通
不便、市场信息不对称、市场交易成本较高的山区环境中，农户
参与市场交易仍会处于劣势地位，在这种情况下，减少与外部市
场联系，降低外部不确定风险，充分利用地方生态资源，最大限
度实现生活的自给自足是农户的首要选择，这也导致农户会依靠
少量资产以及村庄社会关系网络的支持，互帮互助形成共同的生
计文化价值观。其次，对于处在温饱状态的基本型农户，拥有少
量牲畜和简单的农具，但生产资金不足，勉强维持生活，就会在
保持生计稳定的情况下，有意愿去提升劳动生产的效率，即坚持

---

① 詹姆斯·斯科特:《农民的道义经济学——东南亚的反叛与生存》，程立显、刘
建等译，译林出版社 2001 年版，第 19 页。
② 詹姆斯·斯科特:《农民的道义经济学——东南亚的反叛与生存》，程立显、刘
建等译，译林出版社 2007 年版，第 75 页。

图 3-8　玉米的晾晒和储存

"稳定优先，兼顾效率"的原则，在旧有的社会结构里不断向商品市场经济转型靠近。最后，在温饱有余的情况下，从事经商、养殖、经济作物种植的发展型富裕农户，有较强的经营致富能力，大多数人在外面务过工，有见识，有魄力，这部分富裕农户就会像企业家一样去追求利益的最大化，即坚持"效率优先，兼顾稳定"的原则。

农户"安全第一"的生存法则，在洼村可以以玉米种植为例加以阐明。进入洼村，首先映入眼帘的是家家户户房前屋后垒垛的金灿灿的玉米。玉米在洼村不作为主食，但由于玉米耐旱、对种植生长的环境条件适应性强，种植技术含量低，在耕作、灌溉、管理方面没有过高的要求，基本在下种后简单除草施肥就等着收获，所以适合在山区种植。房前屋后、坡耕地上基本都种植的是玉米。农民将其搭配用于喂牛养羊，牛粪用来积肥烧炕，这是一个将素食转化为肉食的过程，也是一个生态循环的过程，营养转换是喂养牛羊和牲口的主要目的。玉米的种植大约在4月份清明过后，下雨过后就可以下种了，在立秋后开始收获，掰回晾晒，玉米收回后玉米秆在地里集中堆放，有些在地里烧掉，肥化土地，有些拉回去，用铡草机铡碎喂牛羊，玉米皮也是牛羊饲料的一部分，玉米去除玉米皮后，在场院里风吹晾晒，逐渐风干。玉米脱粒主要是人工操作，妇女儿童都能做，脱粒后的玉米装袋储藏起来。洼村农户的身份不仅仅是单纯的粮食生产者，还是粮食消费者，洼村离镇上集市较远，去镇上交通不便，市场较封闭，交换不活跃，而消费一部分自己生产的产品更方便、合算。农户种养殖时不仅需要有灵活头脑，看到市场需求、行情的高低，同时还要平衡家庭消费支出在总支出中所占的比重，以及对风险预测的判断，生产决策中粮食产出和价格风险就绑定在一起。也就是说，当农户具有一定程度的自给自足消费能力时，规避生计风险最好的办法就是生产供自己消费的食物，尤其是当市场波动频繁时，生计决策会在很大程度上由规避风险的消费行为来决定。农户面临一个种养殖产出和市场价格双重风险，既生产粮食又消费粮食的决策心理，将消费因素纳入生产决策行为中，是农户生计决策的主要考虑因素。

玉米是洼村最为重要的粮食作物，2019 年其占洼村粮食总播种面积的比例为 60%，作为市场经济发展滞后的传统村，单产较高的玉米是具有严重土地和收入约束的农户的一个最为主要的维持生计的商品。[1] 田野调研发现玉米在农户维持最低消费水平中起到重要的作用，越穷的农户越趋向于消费更多的玉米，农户的消费对种植生产的影响，并不是由于相对价格的变化所作出的对期望消费改变的调整，而更多的是由于规避风险的需要。在传统经济学理论那里，农民是作为"理性经济人"出现

---

[1] 宋圭武：《农户生产决策模型研究》，《开发研究》1996 年第 1 期，第 46—51 页。

的，其生产种植的目的是追求利益最大化。但在现实中农户在作出生产决策时，首先面临的是天灾的考验，就是凭多年的经验也不一定能预测准，老天爷到底下不下雨。其次是面临市场信息不对称和价格风险，把农民作为纯"经济人"来研究并不完全符合现实情况。为了规避不确定的消费风险，就使得自给自足的必要性大大增加，因为通常富裕户会选择少种植粮食作物，多种植经济作物，而普通农户作为自己所生产粮食作物的消费者时，对生产风险的反应，就会有更多的是出于生存愿望的考量，而这就决定了欠发达地区普通农户更趋向于消费更多的玉米。玉米生产决策对利润因素反应不大，但对风险反应却十分明显，这说明西部地区玉米在稳定消费方面发挥着重要作用。西部地区半封闭（或者说部分开放、部分封闭）市场所导致的自给自足的农业形态使得农户对生产风险的反应具有明显的生计平衡的含义，即这种粮食种植形态决定了农户在进行生产决策时，如何在影响生计和价格之间做出决策行为。[①]这也表明西部地区的自给自足农户，总是想要试图在避开生产风险维持生计的前提下获取更大的收益。

因此，农户的生计途径之间构成了一个相对稳定的平衡。这个平衡表现在不同生计方式在效率与稳定之间达成平衡，在土

---

① 李福夺、傅汇艺、毕晓易等：《西南贫困地区农户生产决策行为——理论构建与实证分析》，《四川农业大学学报》2016年第3期，第391—396页。

地、劳动力和农时分配之间达成平衡，在种植、养殖和外出务工之间达成平衡。农户的生计平衡是在一定生计空间内达成的最优组合，具有较强的稳定性。

第四章　发展项目中的过程实践

    党的十九大报告提出乡村振兴战略，将其作为全面建设社会主义现代化国家的指导方针。同时乡村振兴战略也是推进持续性减贫，实现农业农村现代化的重要制度保障。[①] 在乡村振兴产业项目推进过程中，主要由国家和地方政府致力于乡村振兴生活状态改善的干预活动，包括五个重要因素：一是国家主体，负责乡村振兴治理的顶层设计；二是发展项目，作为乡村振兴载体供给资源，确定项目的资金使用、产出效益和持续效果；三是地方政府，主导项目场域资源的权力配置；四是村"两委"和项目单位，作为村落的"掌门人"，是开展乡村振兴实践必须依赖的行动者；五是农户，是乡村振兴工作的目标对象群体。在由精准

---

① 黄祖辉、钱泽森：《做好巩固拓展脱贫攻坚成果同乡村振兴有效衔接》，《南京农业大学学报（社会科学版）》2021年第6期，第1页。

扶贫转入乡村振兴阶段，产业扶贫被定义为农户增收致富的一项根本性和长远性的战略举措。[①] 产业项目的联动设计和完善执行的过程中，要做好同乡村振兴的有效衔接，产业项目要因地制宜，因时制宜，构建更加完善的尊重地方性知识的乡村振兴产业生态。

美国人类学家詹姆斯·C.斯科特（James C. Scott）认为：如果从属者的话语在支配者在场时是一种"公开的文本"，那么"隐藏的文本"则用以说明发生在后台的（offstage）话语，"隐藏的文本"因而成为由后台的言说、姿态和实践所构成的确定、抵触或改变了"公开的文本"所表现的内容。与"公开的文本"不同，"隐藏的文本"是为不同的观众和在不同的权力限制下被生产出来的。[②] 通过对洼村的发展实践来看，地方政府和帮扶单位有其主导的发展理念和帮扶话语，而洼村农户也有其对产业发展项目的不同看法和实施意见，二者构成一个互动的"接触面"。我们将"接触面"蕴含在乡村振兴产业扶贫项目中的理念或原则的一面称为"发展的话语"，把隐藏在"公开的文本"后台的姿态言语和实践所构成的内容的一面称为"隐

---

① 陈天祥、魏国华：《实现政府、市场与农户的有机连接：产业扶贫和乡村振兴的新机制》，《学术研究》2021 年第 6 期，第 49 页。

② 郭于华：《"弱者的武器"与"隐藏的文本"——研究农民反抗的底层视角》，《读书》2002 年第 7 期，第 13 页。

藏的文本"。从现实来看，过往资源匮乏的西部地区经过脱贫攻坚已经积累了一定的资源，而且 2021 年中央一号文件也提到为脱贫县设立五年过渡期，保持现有主要帮扶政策的总体稳定，逐渐集中资源支持全面推进乡村振兴。[①] 对地方政府而言，推动乡村振兴发展项目工作开展既要注重发展进度又要注重发展质量，既要注重开发性又要注重保障性，更重要的是在乡村振兴开局之年，国家对西部地区地方政府的考核指标，各级责任压实到人，也作为新提拔任用干部的主要考核依据。传统村已经从帮扶单位争取到更多的资金和项目支持，同时也成为向上级政府及帮扶单位领导新一轮展示发展成绩和实现乡村振兴的最大利益诉求。在乡村振兴发展实践中，从洼村的田野调查中笔者发现，在"发展的话语"和"隐藏的文本"这个互动接触层面，需要继续开展有效的深入沟通和对话实践，这就使产业发展项目在前期的设计规划时看上去很可行，但还是存在不了解农户真实想法动机的情况下就开始着手运作和执行，使得帮扶资源出现目标瞄准偏离，导致发展帮扶项目偏离靶心，存在浪费人力物力和时间成本后，又去寻找新的产业发展项目的问题。

---

① 吕洁琼、文军：《从脱贫攻坚到乡村振兴：社区为本的情境实践及其反思——基于甘肃 K 县的考察》，《西北民族研究》2021 年第 3 期，第 95 页。

一、产业帮扶项目中"发展的话语"

（一）地方政府

"乡村振兴有能力改变传统村面貌，干出实效。"

乡村振兴能不能可持续推进呢？答案是肯定的。实际上，作为典型的老、少、边、穷地区，多年来在国家政策支持下洼村经济社会得到了较快发展，如建档立卡户扶持政策、民族地区支持政策、雨露计划、以工代赈及公共医疗等各方面的政策支持。地方政府要想改变乡村面貌就得继续干出成绩，干出成效。乡村振兴工作要向上级汇报产业帮扶工作进展，如果没有成效怎么汇报呢？将有限的资源首先投入到乡村振兴效果好的地方，也是地方政府考虑产业发展资源分配时所做的合理解释。乡村振兴工作全面启动，洼村最明显的劣势还是交通不便，你看看，到处都是山，在山沟沟里，荒得很，都是坡耕地，种果树水源没有保证，其他地方还能靠旅游、卖地增加收入，但这里自然资源不足，去年通水，由于居住分散，整整挖了半年埋水管，把这个山头快翻了一遍，终于每户都通上了水，路修到村部和学校，如果给各家各户都修通路，那真是要花一大笔钱了，根本修不起。而在川地的村子，通水就没有那么困难，一条沟挖完连着十几户人家，不到半个月全村就都通上了水，可以说省心省钱工程完成得还快，全村人马上都能受益。所以在有限的资源约束条件下，有好的产业项目在有能力的人带领下尽快致富，我们都大力支持呢。①

"部分农户等、靠、要思想还是很严重，必须扶上马再送上一程。"

乡村振兴政策的制定都是非常好的，但发展项目的资源是不扶懒，发展所瞄准的地区都是社会长期发展不平衡造成的，都是自然条件恶劣的西部地区，但发展问题主要还是有一些扶不起来的人。这些人只想着好政策能得到啥好处，不想着自己动起来，不管是身体还是脑袋，只要动一样，都不会是现在这个情况，我们老辈人都说一句俗话叫"天上下好事，还要头钻出去呢"，就是有天大的好事，你自己不辛苦不努力不奋斗，也落不到你的头上，我头顶上的乌纱帽也是自己奋斗来的。发展项目申请到的贷款不用来发展产业，而

---

① 访谈对象：MDY，男，39 岁，镇扶贫办主任；访谈时间：2020 年 10 月 3 日；访谈地点：镇政府办公室。

是拿去买大电视小轿车干别的事情，用不了多久就全花光了，是典型的认知缺陷，扶不动。①

（二）驻村帮扶队员

"洼村农户要苦干，帮扶部门要苦帮，领导干部要苦抓。"

乡村振兴工作队干部经常爱给农户讲这样一个比喻："你们是拉车人，我们主要是在你们上不去的时候，帮助猛推一把，是帮扶，不是全扶。"现在有些农户有任何事首先想到工作队干部，而不是首先想自己先怎么解决。今年雨水好，我们队员都还在镇上开会，三队一个农户就打来电话说地里的洋芋由于最近雨水多，积水排不出去，洋芋都淹在地里，可能要绝收呢，你们看这咋办呢？你说这事我们能咋办，照以前不就是自己想办法挖沟排水，现在只要有点事就找村干部找我们，就说影响生活了，过不下去了，看你们管不管。②

---

① 访谈对象：LNG，男，41岁，副镇长；访谈时间：2020年10月3日；访谈地点：镇政府办公室。
② 访谈对象：NYM，男，42岁，扶贫干部；访谈时间：2020年10月4日；访谈地点：洼村村部。

帮扶干部自己绝对不是发展项目的主体，而真正的主体就是农户自己。所以，在产业发展项目设计的时候，需要充分发挥村民的主动性来呈现自身需求和确定项目内容，在执行过程中要负责项目的监管，在项目的评估中也必须是让农户参与进行评价。

"现在就是乡村振兴的关键机遇期。"

乡村振兴政策进入农村，并不是按照农村发展的历史来选择一个最佳的介入机会，而是在定下了帮扶村后，一批又一批帮扶队员的接力振兴。每一批驻村帮扶队员都确认现在就是推动全村致富乡村振兴的最好时机。帮扶队员自信产业项目所带来的资源（特别是配套资金），能够成为洼村发展的重要支持条件。

（三）村干部

"村干部需要两头做人。"

村干部需要扮演多种角色，一方面需要按照政府政策的要求落实具体工作，另一方面要在村民中间树立良好的形象，争取获得村民的支持与认同，因为村干部都是由村民选举产生出来的，所以村干部在意村民的支持度。这就需要村干部既要完成上级领导交给的各种帮扶任务和要求，也要满足平衡农户利益的冲突和矛盾，村干部被不明真相的村民指着鼻子骂是常有的事，为避免造成矛盾冲突等，村干部都必须学会"两头做人"才行。费孝通先生的"差序格局"的概念就可以很好解释农村关系社会的格局："不是一捆捆扎清楚的柴，而是好像把一块石头丢在水面上所发生的一圈圈推出去的波纹。每个人都是他社会影响所推出去的圈子的中心。被圈子的波纹所推及的就发生联系。"①

二、产业帮扶项目中"隐藏的文本"

洼村农户对产业帮扶项目的认同和支持是公开的话语，一致都说好着呢，但是到了项目的推广实践中，"隐藏的话语"又是一个需要认真进行研究的问题。随着入户体验和多次访谈交流，我们可以梳理出以下几点，尽管这只是"隐藏的话语"所呈现出的部分内容，也可以对产业对帮扶项目"隐藏的文本"进行更深入的探究。

"项目要看看再说，先看看别人咋弄着呢。"

依据斯科特生存伦理的观点，农户对任何风险都是非常敏感和警惕的，并总是试图通过多种方式来规避风险。对于大多数农户而言，他们对发展项目的投入以及产生的效果是抱着一些怀疑

---

① 费孝通：《乡土中国》，北京出版社 2005 年版，第 5 页。

态度的，因为"天上掉馅饼"的好事怎么就会落在自己头上，接受发展项目的支持，自己肯定也要掏钱，或者至少要出力才行的。农户不会将长久以来积累的生计核心利益直接与发展项目对接，而是会根据项目的资金来源和数目大小，并结合自己的实际情况作出基础的判断。

农户眼中的项目，是抓住一个项目就是抓住一个有眼前获利的机会，而不是一套经过各方发展理念目标和政策支持可行性分析程序等构成的项目体系，这样，帮扶单位期望项目支持和农户相配套的一致努力，来实现农户生产规模的扩大或效益的提升，从而实现改善生计的目的；而农户的目标仅仅是获得项目支持配套那部分利益，"目标错位"的焦点在于是否可以带来最直接的利益，同时可以规避被卷入到发展项目的可能风险甚至是失败所带来的损失。比如，农户表示养牛、养羊等都是能够增加收益的发展选项，然而在项目执行过程中，农户并不愿意将项目支持资金用于养牛、养羊和盖牛棚的行动中，而是挪为他用，比如看病、娶媳妇和孩子上学。在"不患寡而患不均"思想支配下，由于瞄准偏差的始终存在，任何非普惠性资源的不当分配都会激起村庄千层浪，带来"少数人受益"而"大多数人不满"的后果。①

---

① 王进文:《带回农民"主体性":新时代乡村振兴发展的路径转向》,《现代经济探讨》2021 年第 7 期，第 132 页。

三、洼村产业发展项目

洼村乡村产业发展项目，以增加农户收入为核心，涉及的内容包括牛羊养殖、马铃薯、草畜、蔬菜产业扶持，加快培育中草药等特色种植业，推广蜜蜂等特色养殖业发展；持续扩大改善养殖圈舍、修建青储池等产业配套基础设施条件；妇女健康及癌症筛查、人畜饮水工程建设、农家书屋建设、进村道路硬化美化、安装路灯等内容。本书田野调查只从产业发展的"生计改善"视角出发进行详细论述。在洼村，中青年劳动力外出务工是大多数农户生计来源和生计改善的重要选择，农户中年老多病及外出务工技能太弱（不识字）者和留守家中的妇女，是产业发展项目的主要实施对象。

虽然洼村现在农民人均可支配收入较往年有了较大提升，但由于十年九旱，种植业收入仍不稳定，也会直接影响到养殖业的发展，土地人均不到 20 亩，养殖业规模受此影响，想要做大做强不容易，这个瓶颈不好突破。农户中 60 岁以上的双老户有 75 户，占了全村总户数的 35%，帮扶单位第一书记一直在思考，想在现有的种养殖业的基础上，寻求一条体力要求低、技术要求低、收益稳定的可行性发展路径。福建省农业科学院食用菌技术专家在产业实践中发现，宁夏南部山区具有得天独厚的高海拔冷

图 4-1　发展项目实施工程

凉气候，可以利用昼夜温差大、气候干燥的自然条件，在夏季时通过反季节种植香菇、大球盖菇、黑木耳等食用菌，指导农户发展食用菌菇标准化种植项目，其高附加值可以帮助农户致富奔小康。该项目充分利用当地丰富的林草原材料制成菌棒，降低原材料费用，利用黄河水喷雾灌溉，降低投入成本。食用菌产业是现代农业和生态农业的典范，具有"变废为宝、无废生产"的产业特点。菌菇种植带来的社会及生态效益，实现了周边村落玉米芯、秸秆等资源的综合有效利用，降低了生产成本，提升了食用菌种植农户的竞争力，对促进食用菌产业循环经济的发展起到了重要的推动作用。

第一书记 NYM 向我介绍说："计划在洼村建设食用菌菇大棚，利用现有闲置的 200 多亩土地，进行土地流转，建设菌菇大棚，村里现在有大量留守的老人和妇女，在大棚建设运营以后，劳动力充足有保障，同时也能解决一部分回乡年轻人的就业问题。区内的高校在邻近的县建有食用菌技术创新中心，建有现代化的冷凉出菇大棚的科研、实习、实训基地，我们也领着村干部去参观学习过，详细了解种植菌菇需要的土壤、技术和产销情况，想种植市场上欢迎认可的杏鲍菇、平菇、海鲜菇、金针菇和鸡腿菇，可以为洼村提供技术指导和人员培训。我们驻村工作队请了专家论证过这个产业，村委会委员也凑在一起算了一笔账，建一栋 300 平方米的食用菌大棚工程造价需要 10 万元左右（每平方米造

价在 300—350 元），另加一台加湿器 1 万元，这样建造一栋 300
平方米的食用菌冷凉出菇大棚需要大概 11 万元，出菇期基本保证
在 1 个月左右，每一个大棚每一茬出菇效益在 1.5 万—2 万元，每
一个菌袋可以出 3—5 茬菌菇，这样半年时间就可以收回大棚的建
造成本。项目扶贫投入 200 万元建设 15—20 个食用菌冷凉出菇棚，
这样的话可以带动洼村进行产业转型升级，用特色产业吸引帮助
村民致富。"[1] 笔者听完这个方案，觉得这个产业蓝图规划得特别
好，紧接着问道："那村民们知道这个方案吗，他们是怎么想的
呢？"洼村副支书嘿嘿一笑说："我们村上定了目标就行了，有想
法的人也早富了，剩下的村民出去也挣不了多少钱，还不如回来
跟着我们干上那就能致富，这个事都积极参加进来就能弄成。"[2]

2019 年 5 月，帮扶单位第一书记和村委会决定以村里年富力
强的致富带头人 ZSF 家作为第一个平菇种植试验场地，希望通过
这个基地的示范带头引领作用，吸引更多的农户加入进来，扩大
种植规模，提高村民收入。当笔者走进这位种植蘑菇的致富带头
人家里，迎面的二层红色小楼在这个传统村里显得格外醒目，由
于 ZSF 早些年在外面包工程搞建筑挣了些钱，头脑灵活，现在是

---

① 访谈对象：NYM，男，42 岁，洼村第一书记；访谈时间：2020 年 10 月 4 日；
访谈地点：村委会办公室。
② 访谈对象：ZHC，男，63 岁，洼村副支书；访谈时间：2020 年 10 月 5 日；访
谈地点：村委会办公室。

图4-2　参观食用菌种植产业

村里的"首富"。我和主人站在已经废弃的菌菇大棚旁，谈起了菌菇项目种植的实验成功、采摘售卖和随后的迅速结束的过程和感受，ZSF 说："我不识字，但我家儿子女儿和儿媳都上到初中，也学习了基本的平菇种植技术，帮着我一起种菌菇，从其他县食用菌基地购买了 2000 个菌棒，开始种植，第一茬半个月就出菇了，出菇好，一个菌棒平均出菇 7—8 两，共收获约 1100 斤平菇，卖出价格 1.5—2.0 元之间，算下来共收入 1500 元钱，但通过算细账发现，一个棚至少要两个人种，还要一个人去跑销售，因为种植产量太少，公司不收购，村里离镇上又太远，只能零卖给一些饭馆和小卖部，就是不能自然形成规模，天天出菇往出走着卖还行，如果放两天等量大再卖，前面采摘的就不新鲜了，存储也存在一些问题，量小拉到镇上油费和人工费加起来又不划算，卖的钱不算人工不亏，销路还是不稳定，帮扶单位帮销了 300 多斤，儿子说平均一天下来持平，不如出去打工挣的钱多，我感觉投资蘑菇有个 10%—20% 的挣钱机会，在种完第三茬近 50 天的时间以后，就决定还是不种蘑菇了。"这个蘑菇项目以试验成功而没有大面积推广最后结束了它的使命。我问："那随后又准备搞什么产业呢？"ZSF 说："我看还是干回我们的老本行养牛养羊，祖祖辈辈都是干这个的，干这个还是最保险最稳当撒。"①

---

① 访谈对象：ZSF，男，42 岁，洼村致富带头人；访谈时间：2020 年 10 月 5 日；访谈地点：农户家里。

四、两种"话语"的发展互动分析

发展项目是在有限的时间内在帮扶单位支持下推动实施开展的活动，项目开展是在帮扶单位进驻后经过考察设计好的，在设计过程中尽可能地预算细致和考虑周全，一旦项目得到单位上级批准拨款后，就不能进行较大幅度的改动。项目实施带来的可能影响是项目的规划性与实践的复杂性之间存在张力，会使得产业帮扶过程中不易有机会去有效修正实践中的突发问题。同时帮扶项目是周期性的，一般的帮扶项目是支持 1 年或 2 年，较长的可以达到 3 年或 5 年，但农户的生计是长久持续的，这样就会给帮扶项目周期进行调整和规划带来一定困难。在积极介入推进帮扶项目实施过程中，随着预算的资金使用结束，帮扶工作完成从村落中退出，这样带来的问题是帮扶项目周期与产业发展的实践契合度和考量度不够，往往是当帮扶项目在开展和不断进行时才发现农户的真正需求在哪里，同时由于产业项目的持续介入，在这个时间段中密集地投入较多帮扶资源、人力和物力，当产业项目结束后，这个村庄执行效果和后续维护就很可能后续支持动力不足了。

项目的设计目标推进呈现出多方利益复杂的表述现实。首先，扶助项目的开展及目标的达成需要与帮扶单位的工作性质和职业特点相匹配；其次，扶助项目要契合地方政府的实绩需求；再次，扶助项目必须符合帮扶单位所能提供的资金额度和承受能力；最后，要符合村里的利益诉求。所以，产业项目在开展执行过程中是各种因素综合博弈和权衡的结果。

从以上"发展的话语"与"隐藏的文本"的表述看，"发展的话语"和"隐藏的文本"两套话语体系，演绎出发展实践的多样态故事，"发展的话语"与"隐藏的文本"要通过借鉴彼此相关经验而少走弯路，在与农户的互动中达致双向沟通和理解。通过产业发展项目分析，部分验证了斯科特生存伦理概念的解释力，认为该概念能够很好地解释农户的生存逻辑。并在此基础上，进一步认为小农之所以宁愿生计安全也不愿去冒险的原因在于，小农的生计是在多元生计策略下形成的一个相互制约的平衡体，这个平衡不仅具有超稳定性，而且对外界的干预具有天然的"免疫"功能。这种根据自己现有的资源各自采取策略性的博弈行动，从维护自身的利益出发，所表现出的是一种发展项目背后帮扶场域各利益主体"发展话语"和"隐藏文本"的生存逻辑。

五、发展场域的媒介话语力量

现阶段对西部地区的理论表述很大程度上形成了农民在思想

上愚昧落后、在生产上小农意识、在生活上消极保守、在交流中信息闭塞的负面界定。西部地区农民的思想理念、价值体系、生活形态、审美意趣等方面的变化，作为主要作用于人的精神层面的媒介话语在其中可提供更多的空间。话语意味着一个社会团体依据某些成规将其意义传播于社会，以此确立其社会地位，并被其他团体认识，是社会公共权利的重要组成部分。①媒介话语中包含了各种社会群体的文化观点，存在着意义的裂隙和对立意义之间的冲突，不同的社会群体和利益集团在媒介话语中相互进行着意义的斗争，各种声音可以在媒介话语中进行平等的对话和交锋。②西部地区是媒介话语的稀缺地带，最需要现代化的媒介话语传播。媒介话语是全球规模化信息流动的主场域，洼村群众基于接触媒介信息层面、质量和品质的单调性，从而影响发展的实践进程，进而制约媒介话语传播在发展主场域的影响力。在乡村振兴发展上，媒介话语扮演了重要角色。乡村振兴涉及农村和农民，而造成发展缓慢的原因和产生的社会影响力却并不仅限于农村。事实上，在媒介传播的硬件设施大量进入农村，带来现代化媒介的同时，农民自然地进入现代化的媒介环境中，在媒介现

---

① 朱颖、廖振华：《当代女性媒介话语权缺失探析》，《江西社会科学》2008年第8期，第227—230页。

② 张力：《试析媒介话语的意义生产》，《广西大学学报（哲学社会科学版）》2011年第2期，第116页。

代化和媒介环境转型过程中，表现出需要提供更多的媒介话语表达空间，在多维表述的媒介话语中，将乡村振兴的信息传播到西部村落中，以建设新的乡村文化为契机，拓展媒介话语的传播力度、广度和深度。

（一）国家权力：身体媒介话语与组织网络话语

1. 第一书记的身体媒介话语

麦克卢汉提出媒介即身体延伸。[①]任何一种传播媒介的技术、形态以及传播方式都是身体或身体性的传播媒介，身体与传播的关系表现为媒介内涵文化，身体媒介在身体框架中和身体功能内运作，媒介的发展以身体与传播的互动为表征，通过身体的连接，身体资源与媒介相遇从而转换为信息传播，信息传播又提升反馈作用于身体。福柯的身体政治开启了对权力的新诠释。在《规训与惩罚》中，福柯说：身体也直接卷入某种政治领域；只有在身体既具有生产能力又被驯服时，它才能变成一种有用的力量；身体是一种话语体系。[②]身体倚重于国家权力有形力量的出

---

① 陈翔：《论媒介系统与身体之关系——基于 A. 哈特的"媒介系统论"》，《西南民族大学学报（人文社会科学版）》2012 年第 9 期，第 162 页。
② 米歇尔·福柯：《规训与惩罚》，刘北成、杨远婴译，生活·读书·新知三联书店 2010 年版，第 27 页。

场与运作，不仅构成了乡村振兴的执行主体，也使乡村振兴工作得以贯彻并成功运转，不是身体制造发展媒介话语，而是发展媒介话语书写、勾连和重塑了身体。也就是说，乡村振兴之所以可能，很大程度上是因为身体媒介话语传播代表的是国家形象，所承载的是国家资源，所行使的是国家权力，身体话语代表国家意志，成为乡村振兴媒介话语现身的国家政策传导者。2012 年，中央政府创新出"第一书记"新制度，① 随后这一制度在全国渐次推开，主要为发挥第一书记的能动性来缓和弥补基层党组织结构性不足。自上而下的国家权力通过科层制组织借助媒介话语传播手段，以"身体"为载体，以"会议"为仪式，以"振兴"为话语，从一个传统的乡土社会改造为一个现代政权领导和组织下的政治社会，实现了国家权力对乡村社会的精准扶持。② 第一书记这种有形的"身体"存在，传播媒介通过外在于身体的技术手段和通信设施的延展，身体在场将政策文件信息内化为符号文本，使得这一符号文本走村入户，以会议传达等形式得到传播，

---

① 第一书记扶贫是我国新一轮扶贫开发攻坚战的重要举措，意在通过向贫困村庄和基层党组织软弱涣散村注入领导力资源，加强基层组织建设，促进农村经济社会发展，实现精准脱贫。作为从各级机关、企事业单位中选派的优秀党员干部，第一书记扶贫本质上是以增加农村基层领导力资源供给为突破口，实现中国村公共事务的"良治"。王亚华等：《中国农村公共事务治理的危机与响应》，《清华大学学报》2016 年第 2 期，第 23—29 页。
② 王越、费爱华：《从组织传播到大众传播：国家治理乡村社会的策略演进》，《南京社会科学》2012 年第 4 期，第 117—121 页。

符号文本向下传播需借助"开会"这一"神圣化"的仪式展演来进行。文本经过会议逐级的发展话语传达，不断提升其执行力和紧迫感。"开会"是在中国当代国家权力体系内部或受其支配、影响的一种模式化的集体互动形式。[①] 会议严肃紧张的会场气氛和会议本身所具有的仪式的功能，制造出一种空间共同遵守的准则规范，第一书记身体在场的权力话语较其他传播方式更具有权威性，使参会者聚焦切身利益的特定问题，让群众对国家权力传导下的符号文本经过筛选过滤，清除与己无关的信息，留下经过加工或还原成可理解部分的有用信息。媒介话语传播阶段，身体作为传播的终端，借助乡村振兴，第一书记在国家权力和群众传播空间之间可以自由转换身份，其发展政策传递与群众发展意识相互交织融合，使乡村振兴在村落内部和外部的发展场域实现更为紧密和多元的互动。

第一书记在对传统洼村村落亲属网络、风俗习惯与人情世故等地方性知识尊重的基础上，使得乡村振兴工作权力的媒介关系网络在国家层面、乡镇政府、文化精英与当地村民之间互动时所借用的"资源"或"手段"中起着尤为关键的作用，是国家权力在实施有效边界与范围，在权力重点领域与时段，以发展媒介话语的方式来建构与重构权力，以此来扩大或强化自身权威，从而

---

① 刘光宁：《开会：制度化仪式及其对当代社会观念和政治文化的影响》，《当代中国研究》2005 年第 3 期。

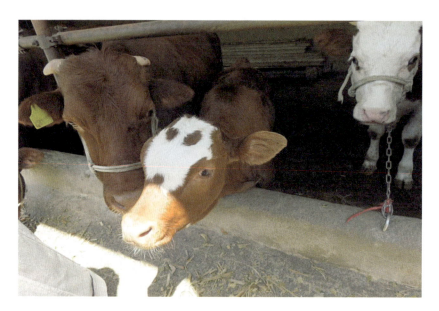

图 4-3　安格斯肉牛养殖

使国家所预期的权威与秩序得以达成的一种治理努力与实践。例如来自高校的第一书记充分利用自己来自高校系统与自身的科技知识储备，助力乡村振兴，作为指导洼村奔小康的顶层设计者与科技传播者，第一书记从传统的帮扶方式向现代农业合作社智能方向转变，从以经济"输血"为主、服务为辅向服务为主、管理为辅转变，通过充分发挥自己的专业特长，结合农村实际，为群众参与乡村振兴把脉、出谋划策，着力在基础设施建设、产业发展、公共文化服务上提供技术支撑和智力支持，依托文化引领作用，为乡村振兴工作的顺利推进搭建了高校服务传统村的平台，建立起有凝聚力、感召力、影响力的精神家园。洼村农户在传统黄牛肉牛养殖中，发现良种化程度低、产品市场性价比不高等因素已影响到养殖业的长远发展，在 2019 年初，洼村为农户引进新西兰安格斯母牛 75 头，安格斯牛肉质好，出肉率高，在市场上属于高端产品。但在购买养殖过程中，农户各种担心就没有停止过，这种高级牛的繁育和育肥的养殖技术都没有学过，养殖过程中遇到各种问题，迫切需要第一书记和农技人员迅速行动加以解决，虽然养殖农户都经过了养殖技术培训，但还是会有技术人员指导"在时能养、撤出就瘫"的现象发生。为了有效解决这一问题，通过手机微信平台传递有效信息的路径可以为村民提供精确的牛病诊断服务（见图 3-10）。洼村二队一何姓农户用微信给第一书记发了几张病牛的照片和一段话："书记，今天我家牛棚里的这两头

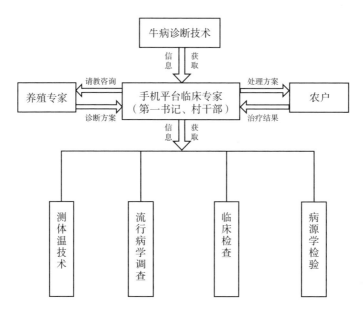

图 4-4　手机平台信息诊断服务

牛不吃草了，还喘得厉害，咳嗽伴随呼吸困难，发病急得很，你看咋治呢?"学法律出身的第一书记会给牛治病吗?

　　看到微信信息，第一书记首先在手机平台上获取基础信息资料，告诉农户先测一下牛的基础体温，牛的正常体温是 37.5—39.5℃，如果超过正常范围 1℃，属于低热，如果升高 2℃，属于高热，需要马上把图片和问题转发到第一书记建立的微信养殖专家群里请教咨询，大学农学院教授第一时间给出诊断方案："根据病牛综合描述，诊断为牛肺炎，呼吸道感染并发气管炎症状，主要是消炎杀菌退烧止咳平喘，洗澡降温，用药治疗。氨苄青霉素 4 克，安乃近 40 毫升混合肌肉注射，用药一日两次，连续用药四天可基本控制。"第一书记迅速将专家开的药方转发到农户手机上，农户根据药方到镇上兽药店买药回来给牛用上，病情稳定了过几天会把治疗结果反馈给第一书记，这样牛的病情控制住了，第一书记也放下心来。又一农户发来微信，问："书记，刚下的一个犊牛一直喘，体温 38.5℃，可能是呛了羊水，请问怎么办？有没什么好的办法？"情况紧急，第一书记迅速将信息转发给养殖专家，并请专家尽快提出解决方案，不到 10 分钟，专家的解决方案已经传到第一书记的手机微信上："刚生下的犊牛羊水呛了，要立即提起犊牛后腿，让犊牛头向下，来回摇摆 3—4 下，将犊牛器官和口腔，食道内的羊水拍出来。犊牛喘息，多数是缺氧，长时间的缺氧导致犊牛酸中毒，可以给犊牛：静脉注射 5%碳酸氢钠 120 毫升；尼可刹米 2 毫升肌肉注射；复方氯化钠 250 毫升 + 地塞米松 5 毫克，复方氯化钠 250 毫升 +10%葡萄糖酸钙 80 毫升一次静脉注射；速尿 5 毫升肌肉注射；氨苄青霉素 1 克 + 生理盐水 5 毫升，肌肉注射，一天 2 次，连续 3 天。"农户提出的诸如此类的问题，在养殖和种植户那里会经常发生和遇到，农户们在生产中一旦遇到难题和疑问，会通过微信图片或打电话求助第一书记，第一书记并不是事事都精通，而是通过现代信息传播的便利，组建多学科专家微信群，这是洼村农户足不出户就能享受的专家智囊团，每个农户都可以接收指导养殖信息，也可以发布求助信息，这样既是信息的生产者也是信息的受益者，从而最大限度地减少养殖过程中的信息滞后性，降低养殖风险，增加收益，激发农户的养殖积极性。因此，应加大洼村基础设施建设，破解传统村特色致富产业发展面临的信息滞后，将特色产业发展过程中所需的各类信息及时高效传递，助推特色产业快速发展，提高洼村农户经济效益，增加农户家庭收入。

2. 村干部的组织网络话语

当洼村干部与第一书记在同一场域中相遇时，在国家权力话语层面，乡村振兴政策出发点上的合理安排是发挥第一书记的能动性，在实施过程中给第一书记和村干部留下了足够的合作治理的时间与空间。由于乡村振兴整村推进工作的主体是村一级，村域不仅是乡村振兴开发工作的核心场域，更是媒介政治演绎与运作的主场。中央政府是政策发布者，省、市、县、乡镇四级政府是中央与农民之间媒介信息的传播者。传播者让信息从最高权力层传播到基层，政策颁布与媒介话语传播之间会出现时间滞后与理解错位的现象。这种现象的产生，往往是时间关系与节点衔接不畅，容易产生媒介传播中歧义性的政策解读，从而影响媒介话语的效力。乡村振兴政策及时到位的宣传需要有时间表的设定，相应的媒介传播到位也要有时间关系节点设定。时间表的起始阶段要从政策的历史出发，以政治变革、经济发展、文化变迁、技术革新为背景参照，可以解决信息经过逐级传播，在时间和空间上的误读或者扭曲，产生事实上存在的"信息分化"现象，从而做好基层组织网络协调工作。洼村干部对村里情况熟悉，针对农户的思想工作方法和执行政策能力，经过长期在基层工作摸爬滚打的话语历练，他们的本地策略也更为精准有效，这是作为下派干部的第一书记在工作中所缺乏的。洼村干部在帮扶工作中可以借力第一书记的媒介资源提升效率和水平，对第一书记形成一种既依靠又独立的双重态势①，村干部通过关系网络建立和产业项目实施得到了多方面的能力锻炼，学到了项目管理知识，积累了人脉技术资源，在传播方式上力图打破村民权力认知格局，使洼村干部树立组织网络在村民中的威信和合法性认可。

村支书是村里的能人，脑子活，能吃苦，家里有一台大型运输车，养着十几头牛和40多只羊，是村里的富裕户。笔者和驻村队员中午经常去他家蹭饭吃，村支书总会边唠嗑边一再表示，村支书这个工作太难干了，现在驻村帮扶干部来了，觉得看到了希望，又鼓足了干劲。村支书说："你看看，我这新房盖起来好几年了，都还没把院子围墙砌起来，就是当上这个书记太忙了撒，买的大车我也没时间开出去拉活，就在院子停着呢，儿子不会开，我也不想让学，我就这一个儿子，开大车危险着呢，就

① 谢小芹：《"双轨治理"："第一书记"扶贫制度的一种分析框架》，《南京农业大学学报（社会科学版）》2017年第3期，第58页。

这我一年要损失好几万呢。自从干上这个书记，几乎天天往镇上跑，受累还不落好，我也心里麻烦的。你看我这不识字的人，没上过学，就会写自己的名字，也不会用那些电脑啥的，现在我也开始学习电脑了，跟着驻村的干部都学上了，很多工作都是他们来了以后帮着弄着呢，现在村里有《村民议事会制度》《村民红白喜事制度》《村民道德评议制度》和《村民禁毒禁赌制度》，这些制度都在村里会议室墙上挂上了，我也觉得对村民起到了规范的作用。以前是镇上要求我们干的政策上的事情，好多群众也不懂，我们就回来给讲上，结果没说几句就骂开了，反正就是咋有好处没给他给了别人，就去镇上告去了。现在是村民找到村部我们就给耐心讲上，村民也不像以前那么驴了，骂骂咧咧的行为现在基本都没有了，我们都尽量好好给解释上，好多时候镇上下来的文件都是硬性的，那必须要完成，到村里就要换个说法做工作，理解不了的只能先干上再解决。有些时候公示贴出去村干部就都先躲起来了，就怕有些人不满意胡搅蛮缠上，你说好多事情哪有绝对的公平，没拿上好处的人就让我们都得罪了嘛，工作上难干得很。农户家里现在有大小事情都要过来找上说，看村里给咋解决，有些婚丧嫁娶的这些事我们都去帮忙打理着呢，有些就是自己能干的事情都不想干，就把人就给愁死了，打不清的官司，东家长西家短的。以前村里集体的事没人关心，镇上给村里的树苗让种上美化环境呢，没有人理，村里的干部只能放下家里的活计

图 4-5　洼村各项制度上墙

都过来赶快种上。可一说有好处，有免费的种子、薄膜、化肥啥的就都能来，就家离得再远都能赶上来，一说村上有组织大家出力的事呢，扭头就出去人都不见了。今年暑假村里学校来了15名支教队员给村里的娃娃们支教上课，村民都把家里的娃娃送来，还有两户村民的媳妇主动给支教队员做上饭，学校没地方住，就在村民家都让住上支教队员，这个事村民很积极配合我们，觉得村上为娃娃们学习着想，办了件大好事，都欢迎支持得很，我们也觉得辛苦一点都没啥，就是村民满意了我们也有干劲了。"

（二）大众传播：村民媒介话语与文化精英话语

1. 村民的媒介话语

就媒介自身的现状而言，由媒介传播的组织结构决定，农村媒介生态在发挥其功能时呈现矛盾态势：媒体主要有信息传播、舆论监督、文化传承和娱乐消费等功能，但是媒介在洼村传播生态系统中主要发挥日常娱乐功能，而农业科技信息和文化传承功能发挥得不充分，文化引领作用不显著，除了娱乐交往，相对来说农村更需要信息的输送和实用技术的帮助。而实用性强、针对乡村振兴的内容比例较少，不能充分满足农户了解信息和学习技术的真正需求，造成媒介在涉农传播中既受农村客观条件的限制，也受媒介生态结构的制约。电视"村村通"在农村传播面广，但同时缺乏"多元化"的媒介传播格局，没有多样化的媒介综合发挥其功能可供自由选择，电视音像一体的短暂性和时空传播的即时性，导致了电视媒介传播功能的单向度发展。而媒介自身在传播过程中，由于媒介传播存在商业的趋利性，农户并不是媒介的主要消费者，贴近农村实际的信息与科技节目在数量上不占优势，质量上更是与群众的需求存在现实的鸿沟。

　　洼村信息获取渠道少，传统的报纸杂志，因村民文化程度普遍较低，加之发行成本和距离等因素，已基本退出农村市场，村民很难依靠这种传统渠道和媒介获取有价值的信息。在村委会办公室，一位工作人员的桌子上放着微信二维码的图片，每一位来办事的农户都可以扫描二维码登录，关注"原州乡村振兴"微信公众号，这样就可以及时了解原州区工作的通知公告、政策宣传、惠农政策解读和实时报道各种动态，但是，这样一个送政策、送经验、送信息、送点子的信息传播平台，很多农户因为手机功能不具备或流量套餐费用较高的原因，不能关注这样的信息公众平台，他们依旧按传统交往方式自发发展，他们不会或不主动利用现代信息技术手段收集获取有价值的致富信息，能力和意识还落后于现代社会信息时代速度，生活模式仍然是农耕文明时代的节奏，信息传播媒介单一，村民信息获取应用能力滞后，必然导致村民接收信息渠道单一，形成信息资源获取匮乏，发展动力后劲不足，很难成为信息生产的主体，各种政策信息接收不

图 4-6　洼村村民电脑、手机使用

畅，不能及时有效进行信息反馈，也就无从发出媒介话语的力量。同时由于现金收入的不充裕，因此村民尤其是老年人通常只满足于用一个有通话、短信功能的普通手机，觉得够用就行，不需要那么多功能的智能手机，也不会用。

> 家里主要种田、打零工、带娃娃，我们家两口子不打工没有钱用。一个月手机话费二十块钱，手机充一次电可用一个星期，手机都是普通手机，搞不得那些花里胡哨听歌、上网、朋友圈啥的，就是给碎娃子打个电话啥的，再就没啥用的了。村里有事开会或者通知啥的，就会发短信，我们就赶到村部去。现在有啥重大的事情都要公示呢，我们就都去村部公示栏上看，看完了要是有啥问题问村里的干部呢。①

村民家里基本都没有购买电脑，少数年轻人也会操作使用一些，但是，电脑在洼村这样一个西部山区的传统村落，除了学校配备有几台电脑，村部配有一台（村干部除了会计大多不会使用）。洼村不像其他山下的村落，小卖部里也有电脑，可以零星做些类似电商的初级尝试。在洼村，每个家庭无论是在经济承受能力上还是对电脑的使用能力上以及对电脑的用

---

① 报道人，MCB，男，57岁，洼村村民；访谈时间：2020年11月22日；访谈地点：报道人家里。

途认知上，村民都离利用电脑上网来获取信息还有很远的距离。这种状况，是他们获取信息资源的一大短板，需要时间去改变。

2.农村精英的文化网络话语

通过新的媒介信息"嵌入"自然村落体系以及自然的血缘姓氏体系，在大众传播时代，媒介对农户生计的影响多半是通过农村精英阶层来完成的。作为有知识有文化的群体，他们与洼村以外的交往较多，因此见识更广，信息更灵通，思想更开明，同时随着经济地位的提升，其社会地位也相对较高，更容易接受外来新思想的影响，并且服从当地的社会民俗习惯和行为规范。人际传播在农村较之城市运用更广泛，因为熟人社会可以消除对不确定性的疑惑。在一个有效的人际传播网络中，农村"文化精英"置身于信息中心，可以有效地把来自外界的信息传递到消息闭塞匮乏的农民那里，由于同类性信息传播中交流话语频繁，亲友邻居的信任就成为最容易产生文化精英的因素。话语传播的信息往往因他们一贯的文化权威而具有可信性。文化精英的产生，使村民仍然会将相对具有一定社会能力的代言人当成他们的文化领袖。农村文化精英的语言权威大大高于大众媒介的影响。传统的乡村治理是农耕文化、宗族观念基础上形成的身份和血缘认同，农民心中自己信服的举荐人是知书达理、获得功名者或家族长者等有威望的人。文化精英身上有很多文学和艺术天赋，思想活跃，创造能力强，善于发现和发掘本土优秀的文化内涵，让文化"活"起来，并通过各种曲艺表演形式，赋予贴近生活的传播文化内容，比如广场舞、小品、山歌、花儿等，创作一些乡村扶贫文化的话语表达，他们主动宣传科技扶贫政策、移民搬迁动员、大棚种植技术、和谐邻里关系和移风易俗观念，这些都是讲好本村故事，形成媒介发展新话语的重要资源。

在洼村，MZF 是个名人，他当过兵，做过林场干部，走南闯北贩卖过皮毛和各种土特产，山歌花儿十里八乡数得上。他穿着干净，见识多、人缘好、办事活络，村民信赖。笔者初到洼村田野调查采访他，他说："你一开腔，我就知道你是个搞研究的。"随着去村里的次数增多，笔者发现村里村外的很多事情都离不开这个 60 多岁的瘦小老人。笔者问他："您小学都没上完，但文化底蕴深厚，有丰富的生活阅历，一定有很多故事吧？"他说："我的人生确实经历了很多挫折和磨难，19 岁当兵，是我最正确的选择，在部队当时是在文艺连队当兵，站岗、搬运，闲的时间多，就跟着吹拉弹唱都学会了，还表演过几次花儿。在部队待了6 年，学了不少文化上的本事。复原后到了林场上班。我当过兵，当过干部，做过生意，那时候这些都厉害着呢，我年轻时还帮村上写文书，十里八村没几个人能成，那个时候我就是个名人。我

图 4-7　文化大院

乐意给人干上。"①MZF 花儿唱得好，闲了在山坡上能唱上一整天花儿，嗓音很有穿透力，在村第一书记的支持下，他领着几个徒弟在村里推广花儿，找了村里一间老房子办了一个农民文化大院，活跃村里气氛，充实村民精神文化生活，经常即兴编一些花儿帮村里搞政策宣传，歌词很有感染力，有一段是这样唱的：

> 哎嗨哟……玉米长成笑弯腰，村村户户干劲儿高。近看远看都是丰收果，粮食满园赶上幸福年。百姓自古能吃苦，有人带头就跟着干。齐心协力肯攻坚，致富奔向好前程……感谢党的好恩情，不进小康不罢休……
>
> 哎嗨哟……糜子花开满坡坡，第一书记住进了村。远看近看是个小后生，张口赛过老先生。书记本是高才生，离家来到了山洼洼。远离妻儿帮我们，富国强民献青春……感谢党的好恩情，不进小康不罢休……

(三)"多重勾连"的乡村振兴媒介话语场域分析

通过分析国家权力和大众媒体在洼村发展场域的表述和行

---

① 报道人，MZF，男，63 岁，洼村村民；访谈时间：2020 年 9 月 22 日；访谈地点：村部文化大院（室）。

动，我们可以窥见洼村第一书记、村干部、农户群体与文化精英，在突破时空限制的网络媒介空间在不同层面多重勾连的交织和转换（参见图4-8）。从这个意义上说，乡村振兴及人们在其中的互动，使得其可能成为一个得以勾连不同身份、空间和多向度的新型地域媒介空间。在乡村振兴媒介话语意义的生产和传播过程中，即便是国家权力的意识形态的表达，也必然包含着内在张力，力图涵容或抚平信息鸿沟。

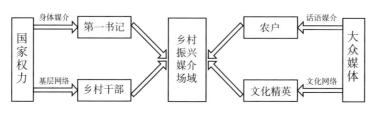

图4-8　多重勾连的分析框架

在洼村发展场域透过媒介话语意义的生产再生产过程中，不断划分出新型权力场域和行动规则，媒介话语作为文本，在生产者完成后，由大众来参与解读，大众会通过解码参与媒介话语意义的生产，话语权力的差别会映射出乡村振兴的效果。在精准扶贫的媒介场域中，传统的人际传播方式仍然是洼村中主要的传播形式，现代媒介话语的多维传播，并没有替代旧有的传播体系，人们的生产生活、丧葬嫁娶、农事节气等传统文化习俗都还根深蒂固地从上一代感染和影响着下一代人。在村落长期以来所发生的各种变迁中，话语传播媒介必须与其他因素相结合才能展示出它应有的影响力。乡村振兴的话语媒介场域必须考虑多重勾连的四个要素：国家权力与大众媒体的关系；文化精英与村民群体的关系；村落场域内外部的各种媒介力量之间的相互关系。这四个要素的多重勾连所形成的合力就是村落媒介场域发展的具体走向。乡村振兴的媒介场域是一种权力分配的结构性体系，不同"场域"相互交织渗透，形成一个更大的"力量的领地"。[①]

国家权力通过教育振兴、产业振兴、文化振兴等政策实施让文化在政府设定的轨道运行，大众媒体在文化模式、群体规范、人际交往等媒介话语传播中展示着自己的"逻辑"。村民面对大众媒介传播的信息大量涌入和新观念的不断出现，使得定式思维在对各种政策信息解读时，限制了传媒场域政策的宣传，制约了权力场域向村落文化强有力地推行，村落场域内部各种力量之间的目标和方向也并非总是协调一致地发挥作用。受大众传媒文化的冲击，现在村庄的文化面貌已与传统乡村有很大差异，但仍然有自己的整体文化的传统特征，显示出乡村振兴媒介场域是一个既难以被全盘现代化改变又难以被传统化保留的村落共同体。[②]

---

① 庄孔韶：《人类学经典导读》，中国人民大学出版社 2008 年版，第 747 页。

② 谭华：《大众传播与少数民族社区的文化建构——对现代媒介影响下的村落变迁的反思》，《湖北民族学院学报（哲学社会科学版）》2007 年第 1 期，第 110 页。

（四）建设乡村振兴媒介场域的新话语

在乡村振兴战略下，国家权力一直致力于将乡村社会整合在国家共同体中并开展清晰化治理，这一理念是通过制度化的力量来推进的，身体媒介和基层组织传播正是这种治理策略的体现。目前媒介的大众传播则是采取软性的治理策略，借助间接的、更易于接受的地方性话语治理策略，符合乡村社会作为一个有机生命体的需要。身体媒介和组织传播是贯穿国家权力连接基层政府引导村民的媒介话语关系，大众传播将国家权力与村庄场域直接连接在一起，改善洼村政治生态环境，更容易达成乡村社会媒介场域话语博弈力量的均衡。大众传播作为国家对乡村社会的"嵌入"，建立了村民对国家的心理认同。我们看到了一种具有现代意识的国家观念，抑或是一个它将分散的乡土社会纳入统一的精神文化体系中来，建构起农村基层社会与国家意识形态的精神通道[1]，将精准的发展政策落脚到广泛的社会背景中，在多层次的媒介报道中，大大加大对政策本身的传播力度[2]，展开媒介话语的时空化立体传播。因此，建设媒介发展信息的新话语，实现洼村共享发展是一种行动视角下的参与式发展理念，通过媒介

---

[1]　D.B. 杜鲁门：《政治过程——政治利益与公共舆论》，陈尧译，天津人民出版社2005年版，第248页。

[2]　李红艳：《如何建设媒介扶贫信息传播的新话语》，《中国记者》2016年第4期。

信息技术使用和扩散促进人的现代化，使媒介不仅成为报道乡村振兴的平台，也是参与者共同构建乡村振兴话语的平台。虽然洼村的媒介传播在很大程度上依然还在原来的社会关系中展开，但伴随新媒体的不断普及已有所突破，传播媒介在原来的人际传播方式基础上扩展开并发生变迁，媒介传播相互融合，共同发挥作用，积极培育村庄媒介话语的内生性供给，发出跟进现实融入日常生活的声音，满足农民群体和各种组织的信息诉求，增强网络媒介的向心力和凝聚力，传播媒介构成当前西部地区传播方式的补充和延伸，并形成当前洼村传统村落完整的传播生态，构建乡村振兴媒介传播新话语。

第五章　教育的选择与再生产

　　教育是文化传承的主要手段和方式，无论是正规的学校教育，还是融入日常生活中的家庭教育，都起到了传播地方性知识、传承地方文化和规范伦理道德的作用，这是教育作为文化传承的主要手段和方式。教育对于国家而言是"立国之本"，对于洼村的村民而言，更可能是生计取向的"立家之本"，这就成为洼村人生活样态形成的主要载体。本章旨在探讨当前传统村落学校义务教育的现状、教育机制的影响力，以及学校教育在洼村中满足生存条件下，教育的选择与社会身份再生产机制的生成。

一、洼村小学教育

学校处在村落之中，不论在空间布局的安排上，还是在地域文化的形成上，学校一直和村落是紧密联系在一起的，是村民生活的一个重要组成部分，同时也是社会组织的一个重要组成部分，与其他组织要素一同形成了社会的内部结构。李书磊认为，现代的学校教育是深入"村落中的国家"[①]，现代学校逐渐被赋予"村落中的国家的使命"，不断向村落和民族地区渗透，

图 5-1　洼村小学

[①]　李书磊：《村落中的国家：文化变迁中的乡村学校》，浙江人民出版社 2009 年版，第 118—120 页。

并最终以国家制度的形式得以确立，并通过制度或者权威的渗透而形成一种普遍的社会规范和意识。[1] 小学作为村落中唯一的国家机构，校园里五星红旗高高飘扬，醒目的社会主义核心主义价值观宣传画和国家领导人的头像都很清楚地表明了这一点，同时还表明学校是传播主流价值文化、政治整合和民族认同的空间场域。[2]

现在洼村的学校教育主要是小学阶段教育，没有学龄前教育和初中及以上阶段学校教育，洼村初中学生主要集中就近就读于镇上中学，家庭条件较好的会直接送到市上读初中，高中阶段根据成绩分流到职业高中和普通高中就读或选择出去打工。洼村小学位于洼村路口，从地理位置和交通来说处于整个村落的中心位置，小学占地面积 3100 平方米，服务半径 5 公里，校舍一共两排，一、二、三年级一排，四、五、六年级一排，剩下一排是服务教学的功能区域，四间教师办公室兼寝室，一间计算机教室，还有食堂、锅炉房和储藏室，主要放教学用具和活动器材。学校实行六年学制，现有教学班 6 个，在校学生 33 人，留守学生 3 人，适龄儿童入学率为 100%。

---

① 满忠坤:《民生改善视域下民族地区义务教育质量优化研究——基于黔东南侗乡和凉山彝区的比较考察》，西南大学 2015 年博士学位论文。

② 闫丽娟、韩志刚:《学校教育对人口较少民族文化传承和社区发展的影响——基于保安族四个村小学的调查》，《教育文化论坛》2014 年第 2 期，第 11 页。

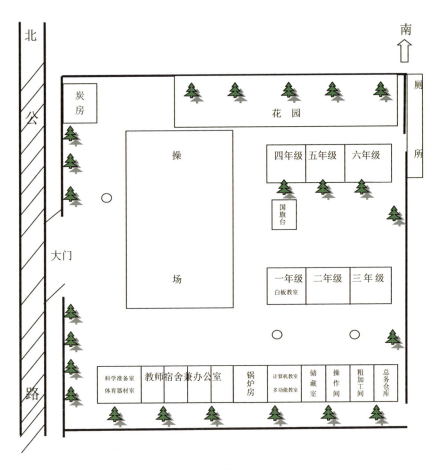

图 5-2　洼村小学校园平面布局图

表5-1 在校学生统计表

(单位：人)

年龄＼班级	一年级	二年级	三年级	四年级	五年级	六年级
6周岁及以下	7					
7周岁		5				
8周岁			3			
9周岁				6		
10周岁					3	
11周岁					2	2
12周岁						1
13周岁以上						4

资料来源：洼村小学校长提供。

在洼村小学工作了16年的刘校长说："咱们村今年适龄儿童共有56人，现在洼村就读的学生为33人，其余23人陆续从学校离开去外面就读，有随家长搬迁出去到其他川区学校就读的，有随父母外出打工定居就读的，有经济条件好在城里小学就读的，剩下的33个学生基本上属于家庭孩子比较多和留守儿童家庭，一直在村里小学上学，但是村里没有一个辍学的孩子，只要到了上学年龄，都必须乖乖过来上学。上学期开学发现两个学生没来报到，我们专门去追踪调查，是一队的MGC，他的两个孩

子一个 9 岁在二年级、一个 14 岁在六年级就读，后来才知道是
随家搬迁，但未到学校办理学籍移动手续，学校认定为辍学，并
将这个情况立即上报教育局，学校和村委会成员一起去家里调
查，结果发现家门紧锁，家长手机也联系不上，经过走访亲戚确
认，MGC 一家在吴忠市务工，孩子在吴忠红寺堡区红寺堡镇银
河小学就读，我们通过和银河小学教导处确认就读后，才放下
心来。"①

　　洼村小学免费早午营养餐是依据宁夏 2012 年农村义务教育
阶段学生营养改善计划开始实施起来的，刘校长介绍说："每天
早上值班老师过来给每个学生发一个煮熟的鸡蛋和一盒牛奶作为
早餐，中午供应完整午餐，午餐不重样，做饭的婆姨就是这村上
的，做饭手艺好，娃娃们都爱吃，菜谱每天都在变换，早餐加午
餐保证营养充足，努力让娃娃们吃好，做到安全、多样、营养、
卫生。以前学校没有营养餐，娃娃们从家里出来就带个干馍馍就
来吃了，有些娃娃的家距离学校远得很，走到学校就上课了，到
了中午回家吃饭，家里农忙的时候更没有时间给娃娃们做饭，所
以学校的营养餐成了这些娃娃能够吃上的最好的饭菜了。每周一
来了娃娃们吃得最多，因为周末家里的饭菜油水都不够，有些的
娃娃就会饿着肚子来学校，所以吃得就多一些了。我们每周都公

---

① 报道人，LYF，男，46 岁，洼村小学校长；访谈时间：2020 年 9 月 9 日；访谈
地点：洼村校长办公室。

图 5-3　洼村小学免费营养午餐

示原料价格和食谱，娃娃们这几年吃得好看着明显长得高了，身体素质也好了，学习精神也足，生病请假的也少了。"[①]

洼村小学严格按照《原州区提升中小学教学质量实施细则》《原州区中小学教育管理常规》《自治区教育办公厅关于加强义务教育阶段学校作业管理的实施意见》和《头营镇中心小学规范教学常规管理的实施办法》等文件精神，以"教学管理抓环节、教学环节抓内在、教学内在抓个体、教学个体抓提高"为教学管理模式，落实月考制度、教案签字制度、作业检查制度、上课抽查制度，完善教学过程控制，对于那种提纲式上课、无教案上课、3至5分钟上完课的教师，一经发现，立即批评纠正或辞退，使教学常规工作正常运转。注重学校安全管理，建设平安校园，美化校园文化环境，让"每一面墙壁能言语，每一处风景会说话"。校园文化、班级文化、绿地文化等多管齐下，师生同建共管。另外，还要在开春时给校园里种上花，让学生在班里面养上花。举行升旗仪式，坚持每周一的升国旗仪式和国旗下的爱国主义教育相结合，充分利用好学校宣传栏、班级黑板报、学生手抄报、举办演讲比赛活动等形式，充分展示学生风采，树立学习榜样，促进情感培育。每天晨读时间，引领学生诵读耳熟能详的《弟子规》、《三字经》、唐诗宋词，打造书香校园。开设计算机信息课，

[①] 报道人，LYF，男，46岁，洼村小学校长；访谈时间：2020年9月9日；访谈地点：洼村校长办公室。

图 5-4　美化校园文化

让孩子们掌握基本的电脑操作常识和技巧，引导孩子将电脑和网络作为学习知识、拓展视野的工具。

洼村小学共有 6 名专任教师，六个年级现有 33 名学生，班额最少的有 3 人，班额最多的是 7 人，教师学历结构达标、职称结构合理。但存在的突出问题是按照教育部小学师生比（1∶23）标准教师超编，按照班级教师配备个别学科又缺编，学科结构失衡，年龄结构偏大，年龄最小的老师已经 37 岁，其中有三位已经是 55 岁左右年龄。四位老师有小教语文教师资格证，一位教师有小教数学教师资格证，一位老师有小教音乐教师资格证，但现在全部老师所授课程均包含语文和数学两门课。对照班级课表课程设置，以调查周边的头营镇中心校与附近村小、教学点之间的差距来看，中心校的各项软硬件资源均优于周边各村小及教学点，城关小学又优于下面乡镇的中心校，这种城区—川区—山区梯度教学质量差异是当地教育发展的客观事实。

中心校因其优渥的地理位置和政策优势，往往成为各种优质教育资源、教育优惠政策的最直接受益者。在整个镇内仅有中心校和二营小学配备英语老师，而且这一现象已存在十几年。此外，由于村小没有开设英语课程，洼村小学对口帮扶的二营小学英语老师每隔两周过来给三至六年级的 21 个孩子送两节英语课。虽然在学生课表上安排了英语课，但没有老师上英语课的时候，学生就只能上自习、写作业。英语课需要勤学勤练，但这样每隔两周一次的英语送课形式，等老师下次上课，上次上课讲的单词学生已经忘得差不多了，这样的帮扶教学形式杯水车薪，学生喜欢上英语课但远水解不了近渴，教学过程无效果，学生都很茫然无奈。村里一位学生的母亲诉说她孩子面临的升学困境："我家女娃今年六年级了，要小升初了，这两天时间娃娃一直在写，复习着呢，从早上起来没有歇过，结果考试的时候还要考英语，娃娃六年级了没咋学过英语嘛，英语老师就来了学校一回。像我一般都给课外资料买上，村里不学英语把娃娃耽误了嘛，原州区重点初中都要考试，择优录取，属于优质教育学校，要是能考上这个学校，上高中的希望就大了，考不上这个学校就只有上镇上的初中，那个就不好说了，教学质量不咋的。村里家里有钱的要么租的房子，要么买的房子，都让娃娃在城里头上学，那真得花不少钱，城里什么都贵，租楼房的话房费、水电费一个月就1200—1400元，家里的开销一个月能花掉在村上半年的生活费，租平房一个月600—800元，一般农村家里都送不起。我家孩子是因为我高中毕业，还可以教。"① 音、体、美三门"副课"，除了一名老师是音乐专业毕业外，没有体育和美术老师，都只是由"主课"教师间或担任。调查中洼村小学教师全部承担工作量较大，要同时上多门课程，每周课时平均为20—28节，拿课时最

① 报道人，MLH，女，31岁，洼村村民；访谈时间:2020年9月11日；访谈地点:报道人家里。

多的程老师来说，一周 28 节课，要上语文 8 节课，数学 6 节课，道德与法制 2 节课，美术 2 节课，体育 3 节课，健康教育 1 节课，科学 1 节课，写字 1 节课，校本课程包括安全教育、健康教育、国防教育、信息技术各 1 节课，每天上课忙得团团转；而镇上小学教师则承担课程相对较少，每周仅有 15—16 节课，且一个教师一般只上一门课，而所谓的"副课"一般也有相对固定的教师单独执教。刘校长笑说："我们每一位老师都是全能型老师呀，学校的 6 位教师，都是能工巧匠，要使出浑身解数，一个老师代一个年级的班主任，音乐老师也要担任班主任，并承担五年级语文课、六年级数学课的教学任务，体育课没有体育老师，我们就是组织低年级学生滚铁环、扔沙包、踢毽子，高年级学生打乒乓球、篮球，美术课教画个小动物、简单的黑板画。今年临时新聘了咱们学校第一位师范毕业的大学生老师，刚来一周，聘用工资每月 2000 元，现在实有 7 位教师。我行政事务较多，经常有上面领导来检查，所以每周只带六年级数学，有 7 节课，实际主要由这 6 个教师上课。新聘的大学生老师要负责学校每月的营养餐及其他各项常规报表，每位教师都包班、跨级、跨学科上课，非常辛苦。"[①]

刘校长担任过各个年级的班主任，对每个孩子及其家庭情况

---

① 报道人，LYF，男，46 岁，洼村小学校长；访谈时间：2020 年 9 月 9 日；访谈地点：洼村校长办公室。

了如指掌，他认为除学校教育外，家庭教育也必不可少。但是村里也有几个学生的家长向老师反映了娃娃回家咋不写作业，老师说家长不检查作业时，家长就说他们都是文盲，不会看，总是推托说他们每天干活都忙忙的，哪有时间管孩子学习呢，你们学校要教娃娃学知识学文化，这样，把孩子又推给了学校。我们老师对这种家长也已经习惯了，针对不识字的家长和留守家庭学生的日常学习辅导和生活关心照顾，老师的职责是双重的，既要有严格要求的一面，又要有耐心关爱的一面，并保持和这些孩子家长的密切联系，经常把孩子在学校的学习进步和点滴表现向父母汇报，希望孩子的父母也能经常问候鼓励孩子，老师做到辅优补差，和学生共同成长进步。

洼村大部分地域海拔在 2000—2500 米之间，农户在望天地上仍然延续的是广种薄收、靠天吃饭的传统粗放型农业生产方式。受自然经济等各种因素的制约，在开展农业生产的过程中，仍然还是用手工劳作，在春种和秋收时，外出打工的壮劳力都需要回来帮忙，或者雇短工来帮忙，这必然也需要可以从事简单劳动的潜在劳动者，上学的孩子亦是家庭中的"潜在劳动力"。放学回家的学生第一件事往往不是开始写作业，而是给父母或爷爷奶奶打下手喂牛、羊，年龄稍大的女孩要在家照顾弟妹、烧火煮饭。大人能做的各种农活，学生娃娃跟在后面一起帮忙做。

二、洼村义务教育情况

1. 镇中学教学环境

洼村初中阶段的教育，一般都选择在镇中学就读，镇中学离洼村有 80 公里的路程，初中学生全部为住宿生，周日下午到校，周五下午放学家长接回家。镇中学 1965 年建校，曾经的辉煌是这所学校输送了一批又一批考上中专的优秀生，那时国家负责包分配，能考上中专已经是这些村里人的骄傲了。学校现在服务镇上 8 个村的 26549 人，共有 12 个教学班，每个年级 4 个教学班，在校学生 449 人。这所农村中学拥有一条 300 米跑道的运动场、三块篮球场、各类器材及乒乓球场地；有学生公寓、餐厅、一栋教师周转楼，满足学生和教师食宿要求；一栋综合楼，有理化实验室和音乐、美术、舞蹈、计算机教室等专用教室，建有能容纳 400 人的报告厅，所有教室均配备电子白板，教师人手一台电脑，硬件设备基本配齐，能满足教育教学需求；校园网、校园电子监控系统也已建设完成，覆盖全部教学和生活区域。进入校园迎面教学楼贴着"团结、严谨、勤奋、求实"的校训，校园中央旗杆上五星红旗高高飘扬，校园里显得庄重整洁，绿树成荫，环境优美。出入的大门平时紧闭，进出的师生要经过传达室，学校基于安全因素的考虑，严格规范外出制度，没有班主任和教导主任的假条批准，一律不准随意外出。

镇中学的李校长大学是学心理学专业出身，教龄已有21年，向笔者简单介绍了学校的基本情况：学校现有教职工68名，其中高级教师25人，中级教师11人，自治区级骨干教师3人，市级教师7人，原州区级教师7人。学校目前存在的最主要问题是教师年龄结构失衡，40岁以上的老教师占60%以上，青年教师和骨干教师短缺，且流动性较大，一般年龄超过40岁以后，教师队伍才会相对稳定下来，而年轻骨干老师在学校待上五六年，积累了一些教学经验后，就会招考到市里的中学去，镇中学相当于是年轻教师的一个跳板和培训机构，基本上是培养成熟一个好老师走一个好老师，老师和学生总是处于适应和被适应的状态中。学校现有老师师资配备合理，老教师基本都是本地学校师范专业毕业，熟悉当地风土人情和学生的成长情况，年轻教师现在有很多是从外省本科毕业回来，学历较高，思想活跃，但总是想着考研究生或公务员，寻找更好的工作单位和出路离开这里。近年来，伴随国家对基础教育的大量投入，过去曾经因为家庭经济原因使得学生失学、辍学的现象已经不复存在，经济困难没钱读书已不是洼村教育发展的最主要障碍，一个普通家庭送子女接受义务教育没有太大的经济负担。但是，教育经费投入水平不断加大但教育质量的相应提升有限，乡、镇中学老师更换非常频繁，很多时候就是一块跳板，教得好、有经验的老师都陆续抽调到县上或是市里的重点中学充实那里的教学力量，乡镇中学家庭条件好一些的学生也都想办法去县上和市里的重点中学就读，这样乡镇中学学生越来越少，而县城中学则人满为患，优质教学资源也不断集中在那里。

下课铃声响了，学生们从各自教室涌向操场开始准备做课间操，快速按班级排好队整齐地随着广播里的节拍做着广播体操，笔者便穿插在其中开始拍照，镜头面对着的同学露出羞涩的表情，避开笔者镜头的捕捉。做完课间操，在操场上三三两两跳绳的、打羽毛球的、踢毽子的同学欢快地运动着。随着上课的铃声敲响，学生们又都奔向教室，紧张有序的上课时间又开始了。笔者的第一印象是这所学校教学秩序很好，学生也很有礼貌，迎面见到老师都会喊"老师好"，教导主任不停在教学区巡视走动，地下有垃圾及时提示学生捡起来丢到垃圾箱里，校园整体外观整洁干净，笔者问："校长，您学习心理学专业，在管理和引导中学生心理健康方面有什么举措呢？"校长说："这对我来说确实是专业对口了，我调到这所学校当校长前这所学校发生了一件事，也差不多就是十年前，初三毕业班里一个娃娃吃凉面中毒身亡，然后调查结果是班里第二名投毒把第一名毒死了，这样这个学生就认为他就是第一名了，这就是学生存在的人格不健全，没有畏惧心理。我来到这所中学后，下大力气培养学生良好的思想品德

图 5-5　镇中学学生课间操活动

和健全的人格，更好地践行'师生共同健康成长'的办学理念，促进学生健康阳光的成长，提高师生幸福的能力，构建和谐校园，我提出'以爱育人'的校园文化理念，'爱'是陪伴人一生的，人的一生就是在追求爱中度过的。因为爱，人才会真正地认识自我，才能与他人、社会及自然间和谐，爱是和谐幸福的基础。你从爱字的结构看：爱，在说文解字当中，繁体的'愛'是由'爪'（爫）'秃宝盖'（冖）'心''友'四部分组成。爱还可以配很多词语，爱情……爱从受从心从夊，受即接受，夊即脚即行走表示付出，心的接受与付出就是爱。本义：疼惜呵护对方，为之奔波辛劳。中国大教育家孔子提出：仁者，爱人。仁者是充满慈爱之心、满怀爱意的人。从心理学角度看，马斯洛需求层次理论提出人的需求是从低层次向高层次发展的，特别是爱的需求是从低层次向高层需求的转折，没有爱与归属需求满足，尊重与自我价值就无法实现，人就不幸福。从现实情况看，我们的孩子由于处于农村，由于父母的忙碌无暇及无知，他们是缺少爱的。因为得不到关爱关注，他们对自我认识不清，对什么都没有兴趣，学习没有动力无积极性，自卑胆小没自信，甚至破罐子破摔，搞出许多动作以引起老师的注意。所以我们需要用爱去唤醒学生，让他们感受到老师无私的爱。他们有爱，才能构建和谐师生关系，才会再把这种爱自觉地爱我们的民族，把爱播给周围的人，进而爱我们的社会，我们的国家。'以爱育人'的内容就是以'爱'为核心，

图5-6　镇中学学生上英语课

围绕学生的全面发展，采取'爱＋Ｎ'的方式，以'智慧与知识、勇气与担当、自主与发展、进取与合作'为标准。各年级确定不同的主题：七年级以'爱与自我'；八年级'爱与幸福'；九年级'爱与担当'；教职员工'爱与责任'。围绕主题设计活动，让爱的理念深入师生心中，以爱育人，用爱构建和谐校园，提高师生幸福感，提升学校文化品位。学校组织机构，精细设计和规划'以爱育人'文化建设方案，并通过各种形式进行宣传，阐释'以爱育人'文化核心并让全体师生理解。围绕主题精心实施，通过开展'以爱育人'的文化活动，构建浓郁'爱'的文化氛围，让'爱'成为学校文化主旋律，从而构建和谐校园。加强宣传营造'以爱育人'浓郁文化氛围，具体通过校园布设有关爱的话语、图片，在师生中进行'以爱育人'主题班队会、手抄报、演讲、征文、阅读、研讨等主题活动，通过活动让全体师生理解爱，学会爱，让校园处处有爱，让师生沐浴在爱中。七年级学生主题：爱与自我，七年级学生刚进入中学，学习生活环境的变化及课业的增加，许多学生处于迷茫之中，往往对自我认识不清。通过开展活动让学生认识自我，明白我是谁，学会爱自己，对自己有个明确定位，确立自己的梦想！八年级学生主题：爱与幸福，进入八年级，学生的身心会有很大的变化，特别是青春期叛逆心理的出现，我们要更多地引导他们去思考人生的意义，知道幸福最基本的是要有爱，父母、老师都是爱他们的，唯有爱才会和睦和谐，让他们明白且学会不但要爱自己，也要学会爱他人。九年级学生主题：爱与担当，九年级学生即将毕业，面临着人生的第一次选择，升入高一级学校或步入社会，要培养他们的社会感，要学会感恩，学会爱国爱家，才能勇于担当，成为合格的社会主义建设者和接班人。"①校长用了将近一节课的时间向笔者讲述了他心目中校园文化建设"以爱育人"的实施情况，初入校园笔者可以感觉到"以爱育人"的校园文化理念已经表现在学生的思想和行动中。

2. 义务教育的学习情况

笔者询问校长这所学校的学风如何，校长告诉笔者说："宁夏 2005 年春季学期开始实施对农村有困难家庭中小学生免费教科书、免除学杂费和对寄宿制学生补助生活费，学生在校期间一日三餐全免费，早晨保证一个鸡蛋，中午和晚餐标准 1 人 5 元钱，学校没有因为家庭经济困难而辍学的现象。九年制义务教育阶段要求控辍保学，教育局要求学校辍学率不能高于 2%，我们努力做到这个数字不能高，但是进入初中后学校教育在制度的设计上、在教育内容选择上，主要是围绕'城市取向''升学取向'

---

① 报道人，LQ，男，43 岁，镇中学校长；访谈时间：2021 年 3 月 12 日；访谈地点：校长办公室。

和'精英取向'的教育，导致村民对免费义务教育的认同和需求不高，启蒙教育很重要，入学新生要培养良好的学习兴趣和习惯。洼村在我校就读的学生 19 人，基本这些学生全部住宿，没有家庭教育的帮助，这也会影响到他们的学习成绩。"①

　　班主任最了解班上每一位学生的具体情况，笔者需要进一步了解洼村学生在这所中学的具体学习情况，笔者询问哪个班洼村的学生最多，教导主任拿出花名册查找后说八年级的一个班有 6 名洼村学生，这引起了笔者极大的关注，笔者在征得教导主任同意后，下课后来到教师办公室，访谈到了这个班的班主任。班主任老师毕业于天津外国语大学英语系，支教一年后招考到这所中学，已经带了一届三年的学生，现在是第二届，知道笔者是博士身份后，非常高兴地向笔者咨询考研情况，从学校到专业，希望得到笔者的考试信息和感受，了解报考专业的职业前景，迫切想考今年的研究生，继续深造可以离开这所学校，我们就这样以互通有无闲聊的方式进行沟通和交流，班主任老师向笔者讲述她来到学校的教学经历和教学感受："来到学校，热情高涨、情绪饱满地投入教学工作的阶段，班上 33 个孩子，比如英语课，在小学基础就没打好，26 个字母都没掌握，要从头开始教起，我对每一位学生都倾注爱心，认真备好每一堂课，对学生背单词、纠

---

① 报道人，LQ，男，43 岁，镇中学校长；访谈时间：2021 年 3 月 12 日；访谈地点：校长办公室。

正发音都紧抓不放，希望每一个学生都能开口说英语。但这次全区统考，我们班英语的班级及格率在 10%—20% 左右，成绩考得不行，但我觉得我们学校老师都很敬业，我也尽力做好自己的本职工作，学生学习成绩不理想，老师的成就感、自豪感也不强烈，觉得自己的价值没有充分体现出来。"①

三、教育的社会再生产

保罗·威利斯（Paul Willis）在《学做工：工人阶级子弟为何继承父业》一书序言的第一段话提出这样的问题："要解释中产阶级子弟为何从事中产阶级工作，难点在于解释别人为什么成全他们。要解释工人阶级子弟为何从事工人阶级工作，难点却是解释他们为什么自甘如此。"②学校不是存在于社会文化之外的文化孤岛，洼村在近 30 年中出了 11 位大学生，第一个考上的是 80 后男生，毕业于沈阳药科大学，是洼村四队出的第一位本科大学生。剩下的 9 个大学生是 90 后，2018 年考上一个 00 后的

---

① 报道人，MXH，女，29 岁，镇中学八（二）班班主任；访谈时间：2021 年 3 月 12 日；访谈地点：班主任老师办公室。

② 保罗·威利斯：《学做工：工人阶级子弟为何继承父业》，秘舒、凌受华译，译林出版社 2013 年版，第 1 页。

女娃（图 5-7），除考取外地的 3 名大学生，一名毕业于北京信息科技大学软件工程系，一名毕业于东北大学，一名毕业于延边大学外，其余 6 名考取的是宁夏大学，在村部会议室的一面"村英荟萃"的墙上贴着 8 位大学生的照片，他们是学校教育描绘美好蓝图的梦想实现者，是洼村人的希望和骄傲。村支书把笔者领到今年考上大学的 MM 同学家里，正好她出外打工的父母听到这个喜讯也从山东赶回来了，家里人都觉得很自豪，农村的家里供出了一个大学生特别不容易，在 MM 和妹妹住的小屋里，我们聊了起来，在问到笔者特别迫切想知道的一路走来的求学之路时，MM 同学淡淡一笑，说："我的求学经历也挺曲折的，我们家有四个孩子，我姐比我大三岁，初中上到一年级就辍学回家帮着家里干农活，在我上高一的时候出嫁了，现在生了个小侄子，我的弟弟小学毕业就不想上学了，家里比较惯着他，他是老小，不爱学习，现在和我舅舅在外面打工，妹妹上到初一，学习吃力，补习的费用高，压力大，也就不想再上学了，现在在家帮爷爷种田，家里只有我一直读书，父母都不识字，但他们想让我们都要读上书，只要想学，就是再困难也供着让上学呢。我小学就在村小上的，从一年级到五年级学习成绩都很差，在我六年级的时候，学校里来了一个支教的老师，长得可好看了，她在我不想学习的时候就把我叫到办公室，耐心地教导我让我好好学习，考出去看看外面的世界，在山里阻挡了你们的视线，你们要努力学习才能走出大山，这个老师对我的影响很大，我在六年级时就开始好好学习，我数学好，考初中就考上了。在初中的时候我们都住校，我的同宿舍一个同学是旁边崖村的，那也是个传统村，她学习特别刻苦，说家里穷，能让上学不容易，学习就特别努力，我就跟着她一起学，老师也要求严格，学得不好还打呢，我们班36个人，最后考上高中的有10个人。我考上固原市的高中，一共有12个理科班8个文科班，我选择读文科，这样数学好就有一点优势，家里父母在外面打工，爷爷和妹妹在家里种地供我上学，我读高中三年从没有花钱请过家教补习过功课，因为家教都

图5-7　女娃收到大学录取通知书

很贵，一个月就一两千元，我就是买习题册大量反复做题背题，今年我们班76个人最后考上二本以上的同学有7个人，剩下的基本上都选择出去务工了。我感觉我上学就是受外界的影响特别大，碰到的老师和同学都特别好，我现在心里特别感谢那个来支教的老师和我的同学，如果不是她们，我觉得我坚持不下来，因为你学着学着身边的同学都掉队了，说不来上学就不来了，你心里只要是一松懈就不想学了。我上学报考的是人文学院汉语言教师教育专业，我想师范生学费便宜一半多，家里负担也能减轻点，等上学了再到学校申请助学贷款有5000元，固原市给每一位大学生资助2000元，父母又给了我500元，上学就没有什么问题了。有时候我觉得我作为一个个体很渺小，就特别想能走出去能获得更多的能力，可以帮助到家里的父母和弟弟妹妹，爷爷年纪也大了，还是每天都下地干活，我心里很难受，没让他享福，我是一家人的指望，我要继续加油才行。"笔者想无论家境如何，只要心怀梦想，顽强拼搏都可以培养出懂得感恩、自立自强的好孩子，家庭的困难只是暂时的，努力拼搏出的幸福是长久的。MM同学的学习经历可以借鉴，也可以复制。

劳伦斯·哈里森在《文化的重要作用：价值观如何影响人类进步》一书中曾直言："我相信世界上绝大多数人都会同意：活比死好，健康比疾病好，自由比受奴役好，富裕比贫穷好，教育比无知好，正义比非正义好。"① 教育发展与生计改善的依存问题，核心在于人们创造文化、积淀文化、传承文化，为的是增进生活的福祉，亦为改善生活，可以说教育问题亦即民生问题。一般普通家庭都有 2—3 个孩子，大些的孩子带着弟弟妹妹，帮助家里看管牛羊，是不可或缺的重要帮手，若要念了几年书，能够算清账，便可在大人带领下外出打工，这在家长和孩子看来都是一件"明智"且"要紧"的选择，是他们改善现有生活、改变命运最直接、最现实的途径。外出打工较之免费的学校教育更划算、更紧迫。特别是在市场经济体制下，国家不再对大学生的就业进行分配，大学生自主择业对于没有任何人脉关系的普通家庭而言，只能全部靠自己去闯，随着社会经济结构和教育体制的变迁，改变着村民对学校教育的价值判断和行为选择。

"免费品"和"稀缺品"是经济学中的一对概念，②"免费品"表明不用付出任何代价就能获得的东西，"稀缺品"则必须以别的东西为代价才能得到，仅当不需代价就能获得的东西才是"免费品"。排队领取的"免费"音乐会门票便是"稀缺品"，它要以时间为代价获得。由此可见，"免费供给"的义务教育并非对所

---

① 劳伦斯·哈里森：《文化为什么重要》，程克雄译，载塞缪尔·亨廷顿、劳伦斯·哈里森主编：《文化的重要作用：价值观如何影响人类进步》，新华出版社 2010 年版，第 35 页。

② 保罗·海恩等：《经济学的思维方式》，马昕、陈宇译，世界图书出版公司 2010 年版，第 19—20 页。

有人而言都是"免费品"，当因享有免费教育而放弃的收益大大超出其带来的好处时，它才是免费的，反之，它则是一种"稀缺品"。当预期的教育"受益者"因苦于生计而无暇顾及其免费的"诱惑"时，义务教育的"免费性"则很难成为学生向学的有效动力。对他们而言，"免费"教育是"稀缺品"，而非"免费品"。教育不是独立的存在，也无法通过主观设计使其看起来好像是独立的样子。学校教育是社会文化的存在，也是文化存在和延续的载体和方式。对学校教育问题的思考不应仅仅把视野局限在学校系统内部，而应放眼于学校教育赖以存在的整个社会文化系统及时代变迁的场域中。论其本质，教育是文化主体认同的价值和意义的确证、传承和实现的过程，这也是我们一再强调教育学科是人文科学的理由和意义所在。

第六章　婚姻与家庭结构

　　婚姻与家庭是人类学研究的两个核心概念，是人类社会生活的重要组成部分，也是透视洼村传统村落文化生活的两个重要窗口。社会性别分工塑造了男女双方婚姻，是既定的社会性别文化的产物，家庭中的性别分工也是社会大系统实现均衡的基础。通过抽象概括，费孝通先生对婚姻家庭这一社会现象进行了独到而深刻的解读，他认为人类的婚姻家庭制度之所以存在是为种族的延续提供保障，并提出了婚姻家庭是满足人类种族延续需要的一种生育制度。[①] 社会创造生育制度是为了保障种族延续和养老功能实现，并对生育制度的文化体系所规定的家庭结构随时代变化做出了安排，以调适家庭结构发挥其应有的功能。此外，建立于

[①]　费孝通：《乡土中国　生育制度》，北京大学出版社 1998 年版，第 99 页。

婚姻和血缘基础上的亲属关系是人类学研究的又一重要领域，在传统村落中，亲属关系所发挥的互助互惠作用体现得更加明显，对传统村落婚姻家庭文化网络的形成和发展也具有重要意义。

一、洼村的性别分工与生育制度

人类学家告诉我们，男女之间的差异并非只是生物性上的不同，它还有很多文化的因素在其中。生物性别只是男女之间差异的一种基础，在这一基础上，人类建立了多种文化行为、角色和意义，并且它们在不同的社会和文化中各自不同，后者也就是我们现在经常说的社会性别。如果说生物性别是先天存在的，那么社会性别完全就是后天习得的，社会性别的存在和发生与我们每个人群世代所生活的社会文化环境密切相关。社会性别分工塑造了男女双方婚姻，家庭中的性别分工也是社会大系统实现均衡的基础。正是因为有男女之别，所以人类才会出现婚姻这种文化现象以及家庭这种组织单位。"男女结合成夫妇，生出孩子来，共同把孩子抚育成人。这一套活动我将称之为生育制度。"①费孝通先生指出，"为了完成社会继替的功能，才产生婚姻、家庭、亲

---

① 费孝通：《乡土中国　生育制度》，北京大学出版社 1998 年版，第 99 页。

属等一系列社会制度，总称之为'生育制度'，包括生殖和抚育相联系的两节，维持群体存在的必要活动。"①

洼村家庭仍然固持乡土社会"男主外女主内"性别分工模式。"丈夫也，从田从力，言男用力于田也。妇人也，从女帚，洒扫（作织）也。"②传统生计的性别分工模式存在以下特点：男性侧重于田间劳作，按村里人的话讲，主要是所谓的"重活累活和技术活"，而女性更多的是回归家庭，从事的是"细活杂活和抚育活"。在洼村，青年男子外出务工是常态，养殖业和土地劳作由没什么手艺也不能出苦力的中老年男性承担，男性仍然是家里的顶梁柱和收入的主要创造者。养儿防老、传宗接代、家庭财产的单系继承都使洼村村民产生了强烈的男性偏好。村里近年来年轻男娃女娃都选择外出打工，成为家庭货币收入的主要创造者，但是男性一般将务工的钱除了自己基本花销，剩余部分都交给家里支配使用，用于家庭日常花销，未婚的男娃会把钱交给父母以备将来娶媳妇用，而未婚的女娃只会交给家里一小部分钱，而将剩下的大部分作为自己将来出嫁时置办嫁妆的费用。这样一个家庭生活的负担主要还是由男性来承担，女性并不起到养家糊口的作用。在村子里的传统观念里，女儿出嫁以后，就变成了外姓人，女儿也

---

① 费孝通：《从马林诺斯基老师学习文化论的体会》，载《费孝通文集》第十三卷，群言出版社 1999 年版，第 413 页。
② （东汉）许慎：《说文解字》。

就失去了家庭财产继承权，同时也没有了必须赡养生身父母的义务，从而使得儿子承担了父母养老的主要责任。洼村女性在第一产业生产过程中作为辅助劳动力，在种养殖业劳动过程中对现代农业技术不太精通，但也并未"缺席"，女性很多时候除了忙活"女人的活"，同时也会参与"男人的活"，多数是田间地头和牛棚养殖的简单劳作，性别存在着较为清晰的分工痕迹。随着耕地减少，男性外出打工的时间增加，有些家庭呈现出农业女性化的特点，女性必须承担更多的农事，以前的"男耕女织"现在准确说是"男工女耕"，男人外出打工，女人家里家外都要操心。

洼村村民的家庭人口较多，养育孩子花销较大，女孩子早点出嫁可以减轻家里经济压力，更可以减少父母的责任负担，洼村女孩子出嫁晚会生出各类闲话，有视婚姻为"卸担子"的习俗。而对于婆家而言，早点娶媳妇进门也可以给家庭添丁和增加劳动力，分担婆家的各种负担和责任。洼村一队的马老汉说："儿女的婚姻是家里的头等大事，娃娃们的婚姻就像是我们肩上挑的担子一样么，什么时候儿女结婚了我们肩上的担子就算是卸下来了，如果有人上门给娃娃提亲，我们做父母的心里也特别高兴，脸上有光呢么，只要娃娃看上眼了，我们也觉得合适，那亲事说成了，把娃娃嫁了，卸了担子，心里也就没那么累了撒。"[1]

---

[1] 报道人，HTC，男，51岁，洼村村民；访谈时间：2021年3月15日；访谈地点：报道人家里。

因此，"卸担子"逐渐就形成了习俗。国家普及九年制义务教育后，只要坚持上学的孩子，一般都是在初中毕业出去打工后或高中毕业后开始操办结婚，这样结婚年龄相对推后，而辍学越早的孩子，一般书读不下去家里就开始张罗婚姻大事了，尤其是女孩子，就开始张罗嫁人了。卸担子与脸上光彩之说，在洼村这样的西部山区村庄是很现实的事情，弄不好父母家人的确要担负很大的心理压力和责任。二队的 MZX 算是个文化人，当过以前山上林场的领导，闯荡过社会，见多识广，但他说："女娃在我们这里，要早早地嫁出去，尤其是女娃，不然就没人要了。我的三个娃娃们都上学多，女儿是高中生。两个儿子闯荡够了，回来年纪比别人家男娃年纪大多了，但经济上强，看上了谁家的女娃子，就去提亲去了，媒人一说都好着呢，不打麻烦（很顺利成功）。就是这个小女儿，忙到年龄大了，再没媒人来提亲了，给耽搁了。我心里愧疚得很。"①他的女儿笔者见了，人长得漂亮，在乡上派出所工作，快30岁了，还没有结婚。她上完高中又补习了一年，有个好机会招工了，当户籍警，眼光高，没有像其他女孩一样早早嫁人。但在当地这种早婚早育的婚育习俗下，当年她二十多以后想嫁人时，周边十里八乡的就少有与她适龄的男青年了，时间一晃儿又是几年，就这样耽搁了。

---

① 报道人，MZX，男，58岁，洼村村民；访谈时间：2021年3月15日；访谈地点：报道人家里。

1980 年国家颁布的《婚姻法》第 6 条规定:"结婚年龄,男不得早于 22 周岁,女不得早于 20 周岁。晚婚晚育应予鼓励。"

婚姻使得洼村女性过早承担起妻子、儿媳的角色,围着锅台、生儿育女固化了女性家庭角色,从而造成洼村女性普遍接受国民教育程度低的现象发生。村里大部分女性仅有小学文化程度,能有初中文化程度者在适龄女性中所占比例较低,高中毕业已属凤毛麟角,这样对她们抚育儿女、提升社会参与能力和学习各种生存技能等都产生了制约因素,不仅在社会经济领域参与度低,而且在技术生产领域的经济收入低,她们结婚后主要承担的家务劳动属于无报酬性劳动。因此,使她们在政治、经济、文化和家庭等领域处于边缘地位。正如村里唯一一个高中毕业女性受访者所说的:"我结婚时高中刚毕业,没考上大学在农村也没啥出路,就结婚了,嫁到洼村第二年就生了一个女孩,开始根本不懂怎么带孩子,孩子一直婆婆给带着呢,然后生第二个还是个女娃,这在我们这还要继续生呢,去年刚生了一个男孩,三个娃娃现在我一个人带着,老公在外面打工挣钱,我婆婆身体不好带不了娃了,我哪里也不去了,就只能在家带这三个娃娃,心里苦得很,我想着等我的孩子长大了,我一定要让他们好好读书走出去,别再和我一样了。"①

---

① 报道人,MLX,女,24 岁,洼村村民;访谈时间:2021 年 3 月 15 日;访谈地点:报道人家里。

由此可见，母亲接受教育程度对教育子女和女子健康成长有着直接影响。受中国传统文化习俗影响，洼村女性结婚后，家庭中的大小事情一般都是由公婆或丈夫做主的，大部分女性在家庭权力场域中缺少话语权和决定权，笔者和村支书在一农户家访谈，到了中午家里女主人才出现，也不说话就开始忙着给我们压面、扯面、下面，做好后给笔者端上桌，家里的男主人陪我们一起吃，女主人却并不上桌，而是躲在厨房里灶台边坐在小凳上吃。我们再三邀请也不上桌吃饭，说我们这边的女人家里来客人都是不上桌的，风俗习惯就是这样，我们才不再谦让。在田野调查中，笔者多次接触受访者女性，大都表示自己文化程度低，没有学下啥本事，教育子女也力不从心，这样会在代际之间传递，母亲在对下一代的教育抚育中无疑会起到重要的引导作用，影响也是深远的。

费孝通先生将人类社会生殖、抚育的一套社会现象在社会制度层面加以界定，就是"男女结合成夫妇，生出孩子来，共同把孩子抚育成人。这一套活动我将称之为生育制度"[1]。婚姻家庭就是围绕生育功能的完成人为建立起来的文化体系。通过访谈对洼村的户口登记簿和入户扶贫卡登记信息的搜集和整理，在表 6-1 列出了洼村村民的家庭生育情况。

---

[1] 费孝通：《乡土中国　生育制度》，北京大学出版社 1998 年版，第 99 页。

图6-1　洼村女主内性别角色

表 6-1　洼村育龄妇女的家庭生育情况

（单位：户）

生育情况	70 年代育龄妇女	80 年代育龄妇女	90 年代育龄妇女
独生子女（男）	0	4	7
独生子女（女）	0	2	3
一胎女二胎男	3	10	7
一胎男二胎女	7	8	9
二胎均为男	9	6	5
二胎均为女	2	5	2
一、二胎女三胎男	11	3	4
三胎均为女	2	2	1
四胎以上	5	0	1
总计（户）	36	40	39

资料来源：洼村计划生育工作站提供。

　　从洼村妇女在生育数量上的变化可以看出，20 世纪 70 年代的育龄妇女，生育儿子或多生育儿子的意愿强烈，在生育儿子超过两个以后的生育意愿会下降，而在三胎均为女孩后，生育的意愿仍然强烈。男性偏好现象在洼村妇女中是根深蒂固的，都希望自己至少有一到两个男孩。80 年代育龄妇女受教育程度有所提高，在生育选择时就显得较为理性，到了 90 年代中后期的育龄妇女在对待生育数量这个问题上，不再像过去那样强烈地为生育而生育，而是能够按照自己的意愿和想法去有选择性地生育，但是她们考虑减少生育数量的前提条件是必须要生育男孩，这是一直没有改变的想法，也是中国农村尤其是像洼村这样的传统村生育行为和生育的核心观念，就是有明确的性别偏好，这种思想源于中国传统家庭养老方式。在洼村一队的 61 岁的马老汉家，老汉的媳妇和笔者拉家常说起为啥要生儿子的道理，她说："我生了两个儿子，一个女子，三个娃都结婚了，两个儿子生了三个孙子，女儿家也是两个儿子，都好着呢，你说为啥要生儿子，我们上有老下有小这都看着呢嘛，我们老一辈都是这么走过来的，老了要儿子养呢，他爸去年做腿子的手术花了三万多，两个儿子一人就拿了一万五嘛，你要是生一个儿子那他要拿三万，他这个负担就重得很嘛，我们都懂这个理呢嘛，儿子多了就这个好嘛。"[1]在洼村双老户较多，虽然很多老人都自己单过，但是只要生病不能自理时还是要靠家庭养老，没有儿子就没人给养老，这是最现实的问题。洼村老人有儿有女的都不愿意去镇上的养老院，洼村传统的多子多福、养儿防老的思想观念，已深深印刻在每个村民心里，甚至连女性自己都认为她们在为人妻后，第一胎最好是一个男孩，这样在婆家也好巩固自己的家庭地位，自己心理压力也没有那么大了，传宗接代的任务也就算完成了，也有人给养老了。美国人类

---

[1]　报道人，HCH，女，56 岁，洼村村民；访谈时间：2021 年 3 月 16 日；访谈地点：报道人家里。

学家马文·哈里斯说过："我们正在用老年保险和医疗保险的办法取代工业化以前孩子照看老年父母的制度。当这一过程完成以后，父母孩子之间真正反哺关系的遗迹也就消失。"①

二、婚姻与亲属关系

"动物求偶，而人结婚。其意义不同是简单而明了的。求偶是生物性的，而婚姻是社会和文化的。婚姻是指一种仪式，一种被社会认可的结合，一种一旦进入就要对社会承担某种认可责任的关系。"②中国自古以来对婚嫁习俗都视之甚重，《礼记》谓："夫礼始于冠，本于婚，重于丧祭，尊于朝聘，和于乡社，此礼之大体也。"中国传统的婚姻模式是"父母之命，媒妁之言"，宁夏《固原州志》载："议婚，先请媒妁通姓氏，唯不避同姓。议妥，纳茶果耳环，祗告寺神，不立庚帖。更择日送衣料夯物，告以婚期。至期，媒妁至女家接婚，送羊麦等物，多不亲迎，其用车轿马驴视贫富有差。"经过这样一系列的仪礼和程序，走进婚姻家庭生活。婚俗的变化与社会经济发展紧密相连，但农民收入的增长速度却远远落后于婚姻消费的上涨速度。婚

---

① 马文·哈里斯：《文化的起源》，黄晴译，华夏出版社 1998 年版，第 178 页。
② 欧内斯特·伯吉斯：《家庭》，美国书社 1963 年版，第 1 页。

姻消费水平与当地的经济水平严重背离，越是西部偏远的山区，婚姻消费越是畸高不下，洼村的婚姻消费理念和结构，聘礼和嫁妆是关键因素，表明聘礼和嫁妆的丰俭不单纯是一个经济的问题，其深刻的社会与文化内涵从聘礼和嫁妆的交换、消费实践过程中得以昭显。

阎云翔在《礼物的流动——一个中国村庄中的互惠原则与社会网络》一书中提出："近年来婚姻交换中花费高涨的现象绝非中国传统文化的简单回溯。相反，它代表了婚姻交换制度持续变动的新进阶段。过去的框架仍然适用，但婚姻礼物的意义和功能却已大相径庭。换言之，人们也许还在讲着同一套仪式语言，但是，与更大的社会场景的变化相应，他们的行动传达着新的信息。"① 在洼村，聘礼的多寡是男女双方相互博弈的结果，在"父母之命，媒妁之言"的婚姻缔结中，为了促使一桩婚事能够圆满达成，多花钱是合作博弈最好的结果，使各方都受益，也就成为唯一的解决办法。在洼村受访的姑娘都愿意嫁到山下面的川地平原村落去，更好的想嫁到城里，城里有房是最大的诱惑，将来孩子读书也方便，还可以扩大通婚圈。洼村四队一户家盖在半山腰梁上的老姨妈说："在我们山梁上生活的年轻女孩很少，有些去上学了，有些去镇上打工了，通常也就是过节才回来，有不少女

① 阎云翔：《礼物的流动——一个中国村庄中的互惠原则与社会网络》，上海人民出版社 2017 年版，第 221 页。

孩出去就嫁到外边去了。"①最后，聘礼的多少是一个家庭实力和财富的象征。对女方家庭而言，男方家庭聘礼出得高些，代表娶的新娘越尊贵、越体面。如果女方家庭要的彩礼不多，亲朋邻居就会认为养那么大的姑娘白送人，不是脑壳出了问题就是这姑娘本身有毛病，不然怎么这么便宜就嫁了。所以，听不得这些风言风语的女方家长都会要求较高的聘礼，这种隐形因素也导致聘礼不断增长。有些情投意合的年轻人自由恋爱甚至会以"裸婚"的方式嫁给男方，并不要聘礼，只是这在农村还是极少数。笔者访谈到一个高中毕业的嫁到洼村的媳妇 MCH，她给我道出了裸婚生子后的心路历程："18 岁那年我少女心满满，一心只为遇到心仪的他，不图他的钱，图他对你好，之后懵懵懂懂地和他裸婚了，我眼里没有物质，只图一句'我会对你好的'。我们虽然这边男女不平等，但家里还是我说了算。28 岁这年我已是三个孩子的妈妈，我清醒地知道喜欢的东西自己去买，想要的东西自己去争取，我想成为我孩子的榜样，让我的孩子觉得有这样一个妈妈而自豪。"②"裸婚"是通过领取结婚证这样一种仪式就确立了男女今后一种较为持久稳定的家庭关系，是用最为省钱省力的方

---

① 报道人，HFD，女，38 岁，洼村村民；访谈时间:2021 年 3 月 17 日；访谈地点：报道人家里。
② 报道人，MCH，女，28 岁，洼村村民；访谈时间:2021 年 3 月 17 日；访谈地点：报道人家里。

式最高效地解决人生大事，但这是市场经济的逻辑，却不是文化的逻辑，在文化的逻辑中，它存在着男与女、男方家庭与女方家庭等多方面的博弈。"裸婚"并不等同于浪漫爱情，它更多时候只是洼村婚恋文化中的一种独特的外衣，也让男性失去了在女方家庭面前骄傲的资本，有时甚至被男性视为一种伟大的"牺牲"而使女性获得家庭中更高的地位，但比起婚姻中可能出现的不平等，女性显然认为因婚姻破裂而付出的代价会更大。

婚姻乃人生大事，伴随着婚礼而产生的礼物交换更是自古有之，聘礼作为缔结婚姻关系过程中的一种重要礼物，不仅具有经济方面的交换功能，而且反映形式。从财产的角度，"裸婚"建立在没有经济基础的爱情之上，舍弃了婚房等彩礼嫁妆，抹平了男女双方在婚前因为财产差异可能带来的婚后地位的不平等，这样在婚姻关系中女性不会再因为婚房、彩礼等的原始财产问题而显得弱势，"裸婚"让女性在婚姻中脱掉了一层依附的特定社会结构的象征符号。[①]儿子结婚的新房也是压在一个家庭上的一座消费大山，只见"老子的房子空空如也，儿子的房间一应俱全"。针对洼村男性青年在缔结婚姻过程中的支付情况，将洼村男性青年的婚姻支付结合村里婚姻缔结的实践过程，将结婚所花财物归纳为：礼节支付、婚礼支付和婚房支付。礼节支付是指男方家庭

---

① 冯雪红：《喀什维吾尔族妇女婚姻研究——以阿克提其村为例（1949—2009）》，兰州大学 2009 年博士学位论文。

图 6-2　唯美婚纱照

按当地习俗订立婚约的费用支付，有聘礼、女方服饰和谢媒钱等；婚礼支付主要是婚礼过程仪式花销以及宴请宾客婚宴费用；婚房支付主要是建新房及新房装修费用。[1]

表6-2　三个不同生活水平家庭婚姻中的消费（男方）

（单位：元）

支出项目　　　数额		普通型家庭	小康型家庭	富裕型家庭
礼节支付	聘礼	150000—180000	130000—200000	150000—200000
	女方的服饰（首饰）	20000	20000	26000—35000
	谢媒钱	2000	2000	3000
婚礼支付	宴请、过程仪式（婚纱照、摄像、婚车）	20000	20000	30000
婚房支付	建婚房	30000	25000—30000	40000—60000
	婚房装修（家具、电器等）	20000	20000	20000—30000
合计		230000—260000	220000—290000	270000—330000

资料来源：田野调研所得。

在统计的不同生活水平家庭婚姻消费中，普通型家庭的平均支出在23万—26万元之间，小康型家庭的平均支出为22万—

---

[1]　李守经：《农村社会学》，高等教育出版社2000年版，第45页。

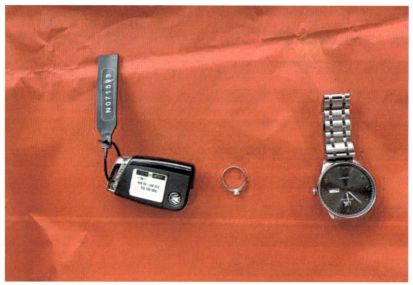

图 6-3　婚礼现场女方陪嫁的小轿车钥匙

29 万元之间，富裕型家庭的平均支出为 27 万—35 万元之间，即使是普通型家庭婚姻消费也没有低于 10 万元就能取到媳妇的。田野调查中发现如果男方有稳定正式的工作，彩礼反而会要得少些，因为感觉到婚后的生活有保障，可以细水长流，彩礼少一点也没关系，普通户家庭越是困难的，反而彩礼要得越高，因为感觉只有到手的钱才算是有保障。婚姻消费的消费结构可以按满足消费需要的不同层次来分类，普通型家庭为生存性消费，小康型家庭为发展性消费，富裕家庭为享受性消费。洼村婚姻支出最重要的两项是聘礼和婚房，这也是从父居以及女方从夫居对男性的最重要的要求。

　　清初学者刘智认为："币帛之资，称男士贫富以为丰俭，失少不过一两，多随宜。"倡导丰俭由人可随意。在田野调查中，女方虽然都要了不低的彩礼，但是较少有女方家庭将所有聘礼扣留作为己用的现象，只有访谈的一户人家没有返还彩礼，而是女方的父亲将这笔钱用来给自己买了一辆小车自己开上，这种行为遭到周围邻居的纷纷议论，说这车是用卖女儿换来的，并不光彩，这样女儿嫁到婆家压力大得很么，婆家身上背上了一屁股的债，女儿嫁过去得跟着婆家一起还债呢，那这个日子咋能过得好撒。农户 MZI 家嫁女儿，要了 16 万元聘礼，折了 8 万元返还，买了最基本的彰显社会地位的象征符号礼物形式"三金"，即金耳环、金项链、金戒指，还有一个钻戒，总共花了 2.8 万元，给新人买衣服花了一万元，剩下的就都留给小两口过日子用。女方陪嫁一台冰箱，一辆车。提供一份体面的嫁妆来平衡收到的彩礼，但也必须根据自己的需要和家庭具体经济条件，来对聘礼和嫁妆的比例做出实际调整。[①] 传统家长制中父亲在家庭中处于绝对的支配地位，一般而言，在娘家的一家之主是娘家父亲，父亲疼爱女儿的程度，直接影响着女儿嫁妆的高低，为了突出女儿在娘家人心目中的身份和地位，不让男方家庭轻视自己的女儿，就会作出多给嫁妆的决定，陪嫁女儿的嫁妆也和城里看齐，以买一辆小轿车居多。在田野访谈里听到一个新娘父母亲最暖心的一句话："女儿嫁过去还要过日子呢，我们要尽自己最大的能力让她过好过幸福。"[②]

婚房由子辈和父辈共同居住，基本盖在同一院落，婚房是安身立命的居住场所，也是外在的社会经济地位和声望的彰显，是一户人家最大的面子支撑，没有一套像样的婚房，媒人就不能上门提亲说媳妇，因为没有房子媳妇就不会进婆家的门，结婚一定是变得遥遥无期，房子是男性青年婚姻顺利进行的基本条件。婚房支出在洼村默认是建新房和新房装修的费用，进入 2000 年后

[①] 阎云翔：《礼物的流动——一个中国村庄中的互惠原则与社会网络》，上海人民出版社 2017 年版，第 215 页。

[②] 报道人，MCL，女，45 岁，洼村村民；访谈时间：2021 年 3 月 18 日；访谈地点：洼村村部卫生室。

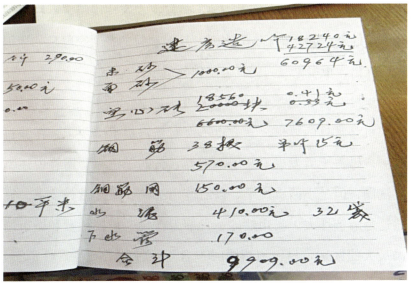

图 6-4　盖新房与支出明细

村里凡是结婚必须都要有新房，结婚盖新房主要因为现在的年轻人随着外出务工的机会增多，个体经济独立意识慢慢增强，夫妻一般是一同出去务工居多，一般婚后不愿与父母同住，加上山区村里男方家庭娶妻不易，只好通过宽敞、时尚的新房这样的硬件条件的完善来吸引女方。建新房的花费在婚姻支付中占了很大比例，而且是刚性需求不能延缓推后。建新房的总费用逐年攀升，铝合金门窗坚固耐用，外墙瓷砖美观实用，落地的窗帘时尚漂亮，年轻人装修紧跟时代步伐，市场上各种材料和人工费用也在上涨，被访谈的建房老板对笔者说："现在的人工费用太高，你要是不提高工人的工资根本就没有人跟你干，现在在城里干一天工资多高，干一天给300元，要不就没人在家建房了。"①村里一户新建的婚房造价花了6万多元，这对洼村的普通家庭是一笔很大的支出，很多家庭为此背上了债务负担。

洼村新房屋内家具一般有衣柜、沙发、电视柜、电视机、洗衣机是常见的要求，女方也不会对新房提更多要求。在洼村的一户婚房笔者发现安装了淋浴器，就问了主家，回答说还不能洗澡，但是小两口说了，以后能用上呢，所以就先装上。显然这是装饰性大于实用性的一种前卫摆设。村民消费和城市居民最大的区别是村民消费同时包含生活性消费和生产性消费，

---

① 报道人，MJM，男，48岁，洼村包工头；访谈时间：2021年3月18日；访谈地点：洼村施工工地。

图 6-5　洼村新房内景

城市居民消费是纯生活消费，如果生活性消费占用过多，势必会挤压生产性消费，但"倾其所有，为儿娶妻"的农民，即使不再扩大生产也要先帮儿子娶上媳妇。按照斯科特在《农民的道义经济学：东南亚的反叛与生存》中所述："农村经济是一种脆弱的生存经济，农民的行为原则是在村民们所控制的资源允许范围内，保证所有村民家庭都得到起码的生存条件，维持正常的生活。"①正是出于对生存安全的考虑，村民建构起的社会关系网络能够为他们提供支持，但无论是在劳力上互助还是在金钱的资助上，一定都奉行"救急不救穷"的原则，村民一般只有在盖房、结婚这样刚性急需的情况下才会乐于提供帮助，而不是一个家庭没有劳力和在日常生活的不停接济，如果村民是想借钱投入生产性消费用以摆脱困难，那么很少有村民愿意借钱给他，这也并不违背农民的互惠原则，因为这是农民的生活意义所在，而且向亲友邻里正式展示了自己人生目标的实现，这种意义优先于发展生产。人们是生活在自己所编织的意义之网之中的动物，这个意义之网就是文化，②不同文化有着不同的需求，在洼村，并不是所有文化都认同摆脱经济困难优先于其他问题而需要首先得到解决，村民的需求是多方面的，摆脱困

---

① 詹姆斯·斯科特：《农民的道义经济学：东南亚的反叛与生存》，程立显、刘建等译，译林出版社 2001 年版，第 51 页。
② 克利福德·格尔茨：《文化的解释》，韩莉译，译林出版社 1999 年版，第 5 页。

境或挣钱自身并不构成生存的目的，而是受其他目的的驱动产生的需要。

三、亲属关系网络的功能

费孝通先生指出，亲属关系是从生育和婚姻生发出来的社会关系，亲属关系的基础是抚育功能，为家庭生活需要分出亲疏，形成一个亲属关系网络，每个人都要生在一个谱系秩序里，更因亲疏的程度分出若干基本类别，每个类别有亲属名称。家庭中父母子的基本三角关系扩展出亲属关系，保障社会抚育的完成并进一步扩展出更广阔的社会关系来。费孝通先生认为在中国乡土社会，亲属关系的推广呈现出显著的差序性，既体现也构造了中国传统社会结构的差序格局特性。费孝通将亲属体系按照扩展的层次进行了划分，具体是：第一层，亲属基地，只限于家庭内部的基本三角核心关系，如父母、兄弟、姊妹等；第二层，基本亲属类别，从亲属基地按照谱系秩序扩展出来的，如父亲的哥哥称"伯父"；第三层，初层扩展，从基本亲属类别向外扩展的结果，凡是父系，父辈，年纪较父长的男性亲属（系、辈、年龄、性别均是谱系里的原则）都称作"伯父"；第四层，次层扩展，将亲属称呼扩展到没有亲属关系的人以示好感，具有较大的伸缩性。其中，初层扩展是权利义务的法律关系扩展，以社会结构所采取的文化原则为归依；次层扩展是感情的扩展，以当时社会接触的具体情境所需的主观态度而定，通常是表示好感，不具有永久性。①

亲属关系还具有体现与形成社会关系网络的功能，即亲属关系是形成更大社会关系网络的基础。亲属关系从基本家庭向亲属群体及非亲属群体扩展的功能以及权利义务和态度行为，通过亲属关系纽带联结成为一种相对稳定的社会关系网络。费孝通认为"……我们的格局不是一捆一捆扎清楚的柴，而是好像把一块石头丢在水面上所发生的一圈圈推出去的波纹。……以'己'为中心，象石子一般投入水中，和别人所联系成的社会关系，不像团体中的分子一般大家立在一个平面上的，而是像水的波纹一般，一圈圈推出去，愈推愈远，也愈推愈薄。"②乡土社会中的亲属关系具有这种差序特性，"我们社会中最重要的亲属关系就是这种丢石头形成同心圆波纹性质。……从生育和婚姻所结成的网络，可以一直推出去包括无穷的人，过去的、现在的和未来的人物。"③费孝通先生的"差序格局"理论解释了中国乡土社会关系网络的特征。

---

① 费孝通：《乡土中国　生育制度》，北京大学出版社 1998 年版，第 277 页。
② 费孝通：《乡土中国　生育制度》，北京大学出版社 1998 年版，第 26—27 页。
③ 费孝通：《乡土中国　生育制度》，北京大学出版社 1998 年版，第 26 页。

在洼村，村民们对办婚事的喜爱与热衷是丝毫不加掩饰的。从办婚事的实践场域中就可以理解"随礼"行为体现的亲属关系等级现象。借助于结婚可以展示出各方亲属为其投入的财力多少和感情浓淡，可以反映出礼单背后的亲属关系"差序格局"，展示出村里人际关系亲疏网络的变化和亲属关系等级序列的真实图景。随礼也称"随份子""凑份子"，洼村结婚随礼趋向现金方式，并且随礼钱由男方父母收取并支配。随礼的礼金代表一方面为祝贺结婚的好日子；另一方面是帮家里渡过较大婚礼费用的难关，以后在某种场合还是要如数或者比这个数目更多地回过礼去。笔者在采访中迂回地表达了咱们能不能节俭一些办婚礼的疑问，村民说："不是没有想过要选择简单化一点的婚礼，但实际上还不能改变，这村里经过一辈又一辈的做法，已经形成了一种风俗习惯了，要是改变了别人都要笑话。然后就你还吃亏着，你不办婚礼你不请人，那你以前送的钱都收不回来了，你不办是你的事，别人结婚还是要叫你呢，那你看看你图了个啥，再加上喜事都要热闹呢么，都要个脸面呢，你不请个人咋行呢，娃娃们也都不同意。我女儿出嫁我给大过了一下，我用这钱买了辆农用车，那你看你收了钱，那别人结婚你就要紧着还上呢，每年一到冬天家里随礼就要花上三四万块钱。"①洼村举行一次婚礼，单靠一家人的

---

① 报道人，CPL，男，48岁，洼村村民；访谈时间：2021年3月17日；访谈地点：报道人家里。

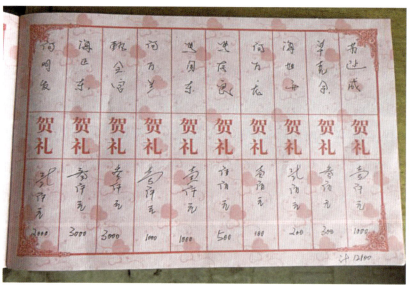

图 6-6 洼村结婚贺礼清单

力量是难以承担的，因此婚礼中就要靠村里乡亲和亲戚一起提供帮助，村里的礼物交换注重人与人之间的和谐互助和对他人的体谅付出。并且这种帮助不要求马上送还，也不需要求用相抵，这种还礼存在一个"时滞"的阶段，这中间少则1到3年，多则一二十年不等。如果随礼人家的小孩年纪尚小，不到嫁娶的年龄段，并且老人也健康长寿，又暂时没有其他大型活动举行，那么这种借助关系会一直持续，直到他们家有小孩结婚、老人过世或者起房盖屋等重大活动需要这些物品时，才会要求归还，如果物品不足甚至还会多借，这样，随礼实质上是村民通过消费建立的一个互惠社会网络。① 随礼在人际交往中的功能发展到现在仍然是洼村人共同遵守的文化、社会规则和秩序，在于它试图以自己和其他人的关系来界定、维持和自己的社会关系网络和互助地位。

洼村一队的 MLF 有两个儿子，分别在 2013 年和 2019 年娶了媳妇，按习俗，婚礼多在秋冬季举行，最好理解的原因就是秋冬季村民闲下来了，很多出外打工的人也都陆续回来了，秋冬季天冷吃席剩余下来食物方便储存和保鲜，不会很快变质，可以都吃完，因此这便成了流行于秋冬季"过事"的原因。在 MLF 家中看到了随礼的礼单，记录了两个儿子"过事"时的随礼情况。

---

① 王铭铭：《美法村与塘东村——历史、人情与民间福利模式》，载《村落视野中的文化与权力——闽台三村五论》，上海三联书店 1997 年版。

表 6-3　MLF 家 2011 年及 2017 年随礼礼单

关系类型	随礼者与主家的关系		2011 年大儿子"过事"礼单		2017 年小儿子"过事"礼单	
			人数	金额	人数	金额
亲缘关系	母系亲缘关系（"外家"）	舅家	5	2 人 2000 元，2 人 1000 元，1 人 500 元	4	1 人 3000 元，1 人 2000 元，2 人 1000 元
		姨家	2	1 人 1000 元，1 人 500 元	1	3000 元
		表兄妹	3	2 人 1000 元，1 人 500 元	4	1 人 2000 元，2 人 1000 元，1 人 500 元
		远亲	14	1 人 1000 元，1 人 500 元，10 人 200 元，2 人 100 元	4	各 1000 元
	父系亲缘关系（"内家"）	叔伯	2	2 人 2000 元	2	2 人 2000 元
		姑母	1	1 人 2000 元	1	1 人 3000 元
地缘关系	近邻		8	每人 200 元	7	每人 300 元
	一般邻居		3	每人 100 元	2	每人 200 元
业缘关系	同学		6	每人 200 元	10	4 人 200 元，6 人 300 元
	朋友		28	2 人 2000 元，2 人 1000 元 3 人 500 元，3 人 200 元，17 人 100 元，1 人 50 元	18	1 人 2000 元 1 人 1000 元，9 人 300 元，7 人 200 元

数据来源：田野调查所得。

　　从亲缘、地缘和业缘关系来看，亲属关系中包括的父系亲缘关系是亲兄弟姐妹、叔伯、姑母等近亲，母系亲缘关系是舅舅、姨姨等近亲，亲戚中关系走动较勤者，亲戚中关系走动较疏者，随礼钱数也会据此亲疏有别。在当地家庭里姻亲中"舅舅"在随礼方面体现了最高的家族地位，同时也承担着较重的责任与义务。四队的 ZKS 说到他家"过事"时的情形说："我们家经济条件差一些，要不是多靠她娘家人帮衬，儿媳妇还是娶不上，儿子还打光棍着呢。"① 洼村在婚姻消费方面是刚性需求，结婚的高消费和村民的低收入相比固然是高的，但是婚姻市场的消费永远在不断上涨中，越早结婚可能花费越少些，因为不知道以后社会又流行什么，女方又要什么，结婚花样实在是名目繁多支付不起。所以越早举债结婚，然后收礼还债，似乎是在村民看来最明智的选择。结婚随礼的补偿作用明显，是当地最为普遍的做法，一家结婚八方支援，村落中凡是和主家有关系的亲朋好友都出一份力，使得婚姻支付建立在以主家为核心的社会网络交换的基础上。

四、家庭结构变迁

根据当地老人回忆，洼村人的先辈是在解放前战乱逃到这里的，在笔者的田野调查中，通过口述访谈也了解到当地很多姓氏都是从山外迁移而来，具体时间各不相同。从洼村的姓氏

---

① 报道人，ZKS，男，59 岁，洼村村民；访谈时间：2021 年 3 月 18 日；访谈地点：报道人家里。

情况来看，基本上这个村庄有 10 个以上的姓氏，属多姓村，分别有马姓、者姓、甄姓、何姓、康姓等姓氏，其中以马姓、甄姓等姓氏人口相对最多。从姓氏的多样性以及来源上看，历史上洼村的形成是由不同的外来移民群体组合而成，在此情况下，家庭主要作为分析洼村社会结构的重要对象。人类文化对家庭进行了一系列的安排，它包括家庭结构和家庭功能等方面的规定上，家庭是人类社会为完成种族绵延而设定的文化手段，是承担生育功能的、父母与子女的双系抚育团体和男女之间相互依赖的亲属组织，家庭成员的组合方式、家庭中人们之间的相互关系和内部结构称为家庭结构。家庭功能，是指家庭在人类生活和社会发展方面所能起到的作用，人们在家庭中进行生产、消费、继承、儿童教育和赡养老人，同时家庭也给予每一个家庭成员以身份确定和相互支持。家庭结构和家庭功能有着不可分割的关系，当家庭结构不健全的时候，家庭功能就不能正常地发挥它的作用，结合在洼村的田野调查，笔者认为以上的定义可以表述洼村人心目中对"家庭"的看法和"家庭"的实际样态。家庭结构和功能在应对生计和生活中的分合机制不断发生变化，不断调适出最优选择安排的家庭结构方式，以发挥最大的家庭生存功能效用。

1. 家庭结构的变迁

洼村村民的人口流动使家庭领域也发生了相应的变化，因而据此将洼村的家庭以参考费孝通先生对家庭结构类型细分为四类，[①] 并给各类确定专属的名称：

第一类，主干家庭，即核心家庭加附属家庭成员，常为不能独自生活的父或母一方，两代重叠的多核心家庭，或较远亲属关系的人，甚至没有亲属关系的人；

第二类，核心家庭，由一对夫妇及其余未成年子女组成的家庭；

第三类，联合家庭，指成婚后出于共同继续财产的需要，或是兄弟感情较好，或是父母权威较大不允许分家构成的同胞核心家庭联合的单位，通常统称大家庭，它是核心家庭扩大形成的结果；

第四类，残缺家庭，父母双亡的未婚子女或配偶中有一方死亡或离去。

在关于洼村家庭结构的研究中，笔者主要是以洼村一队（以下简称"洼一"）作为个案进行具体分析。根据调查了解到，截至 2017 年 12 月，洼村四个队总户数为 441 户，总人口 1501 人，

[①] 费孝通：《三论中国家庭结构的变动》，载《费孝通文集》第十卷，群言出版社 1999 年版，第 348 页。

其中洼一的家户数为 101 户，总人口为 352 人。[1] 在田野调查过程中，笔者曾专门针对洼一进行过家户访谈调查，具体了解了洼一各户的家庭结构情况，表 6-4 是在对洼村家庭的家庭结构进行详细统计分析的基础上得出的数据。

表 6-4　洼村家庭结构统计表

（单位：户）

家庭类型	主干家庭	核心家庭	联合家庭	残缺家庭	合计
户数	31	55	11	4	101
百分比（%）	30.69	54.46	10.89	3.96	100

根据以上统计，在洼村，主干家庭有一对已婚夫妇，家庭成员由父、母、子、媳和孙子、女组成。核心家庭一共有 55 户，占总家户数的 54.46%。在表 6-4 中，共有主干家庭 31 户，占总家户数的 30.69%。从表 6-4 中可以看出，现在洼村核心家庭超过主干家庭的主要原因是外出打工年轻人通常夫妻一起出门，有孩子的也把孩子带上，在当地租房居住，时间长了户口也就分开了。为了适应环境、为了生存，分家可以说是青年人的一种理性选择。主干家庭主要以残疾户居多，另外就是按照洼村习俗，兄弟分家之后父母会跟随其中一子生活，一般都

---

① 资料来源：洼村村委会村民基本信息花名册。

是大儿子分家搬出去重新盖房单过，老人在需要人照顾时或者是在诸子之间轮流生活，或者和小儿子过，家产也会留给小儿子，由此就形成了主干家庭较多的情况。主干家庭的村民、68岁的MHL老汉认为："人少不好，还是人多了好，几代人在一起热闹惯了，还是比较喜欢人多热闹，一起吃饭也有意思，有点啥事都互相照应着，劳动力多的时候就觉着人多力量大。"[①]因为外出务工出现的人口流动，洼村几乎每个家庭都会有一起出去打工的夫妻或丈夫出去打工的情况，这时的家庭就剩下父母这一代的夫妻和自己的未婚子女或已婚子女，也就是我们所说的隔代型主干家庭结构。通过访谈发现，在洼村，年轻人大多都希望建立自己的小家庭，而不是几代人生活在一起。核心家庭中的夫妇以40岁以下的青年人为主，这一年龄段的群体因为观念相对比较开放以及小家庭意识的增强，所以他们在结婚以后大多都会选择从大家庭中分离出来单独生活，这也是洼村核心家庭较多的主要原因。偏好核心家庭的小媳妇ZMM告诉笔者说："我们结婚就分开过了，虽然还在一个院子里，但是各做各的饭，我带着两个娃娃，地里的活也不用干，老公挣的钱除了每年给公婆养老钱3000元，剩下的都我们自己攒着花，

---

① 报道人，MHL，男，68岁，洼村村民；访谈时间：2021年3月18日；访谈地点：报道人家里。

我也慢慢学着管家管孩子，我们自己有自己的生活方式呢。"①
洼村的核心家庭还包括不完整的核心家庭，不完整的核心家
庭是指因为某种原因，构成完整的核心家庭所必需的三个要
素——夫、妻和未婚子女缺失而构成的家庭，在洼村，这样的
家庭主要是子女都已经在外地成家或是子女成家后均外出务工
所致。在洼村 101 户家庭中，联合家庭共有 11 户，占总家户数
的 10.89%，在中国传统社会中，联合家庭是一种主要的家庭形
态，但是随着社会的发展以及人们观念的改变，联合家庭逐渐
减少，其中一个主要原因笔者认为是人们个体意识的崛起以及
小家庭意识的增加，联合家庭虽然并非洼村的主要家庭结构类
型，但是却也占有一定的比例。残缺家庭是社会解组的结果，
只要有机会有能力就会恢复到正常家庭。在洼村，一些村民一
旦丧失了配偶或父母，破裂的核心家庭不容易再填补，这类家
庭在洼村比例较低，但仍维持在 5% 左右，主要是因为村里结
婚费用较高，使得很多丧偶的男性很难重建家庭，而丧偶的女
性却比较好重建家庭，也有少部分村民对家庭类型持无所谓的
态度："一般看家里老人是不是喜欢带孩子，要是嫌麻烦不愿意
带孩子分家就分了，不愿意分喜欢热闹就都在一起，家里人多
有人多的好处，人多了干啥都不愁，人少也有人少的好处，人

① 报道人，MCP，女，34 岁，洼村村民；访谈时间：2021 年 3 月 19 日；访谈地点：
报道人家里。

少了好吃饭，都看老人的意思，怎么都行，我们觉得只要家里日子过得好，让老人高兴舒坦就行。"[1]

2. 家庭功能的调适

家庭结构的变化必然会引起家庭功能的调适，这与洼村村民人口流动和外出务工有着直接的关系。洼村的外出打工导致了家庭结构的变迁，出现了空巢型、单身型家庭结构。夫妻都出去务工，就留下老人在家，形成空巢型家庭结构；男性劳动力出去务工，留下妇女照顾孩子和老人，形成单身型家庭结构。家庭结构不完整使得家庭功能出现弱化趋势，在一定程度上弱化了家庭的赡养功能，男性劳动力在家庭的缺位，使女性在家庭的地位和重要性得到提升，男女平等的意识开始显现。外出务工人口流动影响下的家庭结构变迁在一定程度上增加了洼村家庭的经济收入，还有很多村民选择把镇上、城里学到的技术带回村里，共同致富。进入工业化社会，生产功能、分配和交换功能等逐渐从家庭中分离出来，自给自足的自然经济逐渐衰退，在洼村有外出务工的家庭成员的收入与无人外出家庭的收入对比，可以说明外出务工对家庭收入的提高起到了至关重要的作用。新的生产方式总

---

[1]　报道人，MYN，男，42 岁，洼村村民；访谈时间：2021 年 3 月 19 日；访谈地点：报道人家里。

是在一定生产条件下才能得以实现，洼村农户为了摆脱困顿的生活，会自觉去追求经济上的互惠和合作，出现核心家庭合并为主干家庭的现象。洼村的离土不离乡的模式背后都有一定数量的主干家庭在作支撑，是中国农民以其自有的方式应对外部世界与内部生活以维持家庭功能的变化需要，会以"临时主干家庭"的形式来确保家庭生活的正常及有效运转。教育子女使货币支出的需要大幅增加，使得外出打工成为弥补家庭经济支出最直接有效的生活来源。家庭功能的变化在抵御困难这方面也体现在生育功能的弱化、教育功能的优化和养老功能的弱化。洼村村民越处于困难状态越能体会到困难的根源在于没有知识和文化，因此虽然很多家庭经济状况较为普通，但家长仍将子女送到幼儿园、送到学校接受和承担相应的义务教育的认识是很明确的。中国传统文化代际关系用公式表示是 F1 →← F2 →← F3 →← Fn（F 代表世代，→代表抚育，←代表赡养），中国传统文化代际关系不同于国外的单项循环接力模式，而是受中国的传统文化的影响有一个反馈的赡养模式。① 在当前，洼村家庭养老功能、抗风险功能相对减弱，农户家庭结婚生子背后难以掩饰的是养老难，结婚生子费用很多来自老人的无偿付出，子女忙于谋求生存和发展，普通家庭给予老人的是既缺少经济上的分担又缺乏情感上的慰藉。洼

---

① 费孝通：《家庭结构变动中的老年赡养问题——再论中国家庭结构变动》，载《费孝通文集》第九卷，群言出版社 1999 年版，第 40 页。

村第一书记给笔者讲述了发生在村里的一件真人真事：洼村四队的 MFX 老汉生了 7 个孩子，5 男 2 女，儿女成家后老汉跟着最小的儿子过，但是上面四个儿子都不尽赡养老人的义务，老汉的小女儿就想了一个办法，借着老汉小女儿的儿子结婚，小女儿和最小的儿子就商量了一个办法，在洼村这样的结婚大事上舅舅是决不能缺席的，结婚当天小儿子也就是新郎的小舅舅一下出了 1.5 万元的随礼钱，上面的四个舅舅当时没想出这么多随礼，但是一看小舅舅拿出了这么多钱，出于当地的习俗习惯和攀比的心理，四个舅舅们立刻都回家拿钱，随礼的钱数都超过了小舅舅随礼的钱数，这样在婚礼结束后，小女儿把四个哥哥的随礼钱都给了和父母一起过的弟弟，这几万块钱就变为了给父母的赡养费。通过这样曲折的办法使子女出钱养老，虽然在田野调查中只是听到这一特例，但也折射出洼村普通家庭在养老问题上出现的诸多矛盾和无奈。洼村通常是老人和谁在一起过家产就由谁继承，家产继承模式动摇了代际反馈赡养的物质基础，不分家的做法更有利于家庭养老功能的实现，代际之间形成"育儿"与"养老"的互惠和平衡。父母和子女之间形成了双向感性交换的关系。父母抚养子女到成年的感情投资，是期待年老时能够得到子女的经济赡养、精神支持和日常照料作为报答，是一种哺育与反哺的代际交换关系。但是代际之间时空是分离的，互惠和交换不在同一时点上进行，这种投资的报答是延迟性的，并且贯穿亲代整个生命周期，主要是依靠情感和道德的力量支撑的，而且老人会处于交换过程的弱势一方，子女短期的利己主义选择将导致代际反哺风险的产生，子女要以情感为纽带、家庭伦理道德为基础担当起赡养老人的责任，才能重构家庭共同体。

第七章 疾病治疗

在洼村，疾病治疗与文化在医疗过程中表现为治疗实践与患者病痛经历的生活过程。通过患者对自己疾病的自我分析、确证，伴随疾病治疗预期花费等客观因素的考虑，表述为对疾痛的感受和经历的叙事，展开对医疗场域的村医治疗惯习和医患互动关系的剖析，揭示村民的疾病治疗逻辑，寻求文化传统在疾病治疗、健康维护中的参与和价值，力图从医疗场域的治疗过程中探求村民对待疾病和治疗的生活态度。

一、"病患"的行为与地方性知识

行为和生活方式与个体及群体的健康都有极大的关系。"要想健康谁也靠不住,首先要靠自己!"中国协和医科大学黄建始教授说,"引起美国人早逝的原因有 50％与个人的不健康行为和生活方式有关,20％与环境有关,20％与遗传有关,只有 10％与医疗服务系统有关。"① 中国科学院院士韩启德也认为:"健康更多的是由生活方式、生活条件、经费的保障来决定的,医疗对健康只起 8％的作用。"② 这就意味着生存的物质条件保障和生命的治疗定位认知更有可能拥有决定我们健康的权力,而首先不是医疗带给我们更健康的身体。对于疾病与治疗,我们要对文化在疾病治疗和身心健康语境中起到的作用有更全面的认知。医学人类学哈佛学派的创始人阿瑟·凯博文教授在他的首部专著《文化语境中的患病者与愈疗者》中划分了"疾病"(disease)和"病患"(illness)这两个概念,他指出疾病和病患是存在于社会现实特殊布局中的构建物,必须在特定社会关系组成的环境中理解和领悟其蕴含的丰富意义,这样的医学概念分类是植根于文化和历史语境之中的"解释模式"(Explanatory Models),③ 概念"疾病"必须是劳动功能受到限制丧失或生物化学的功能失调;"病患"

---

① 黄建始编著:《最大回报:健康投资》,中国协和医科大学出版社 2004 年版,第 1 页。

② 韩启德:《对疾病危险因素控制和疾病筛查的思考》,《中国科学报》2014 年 5 月 29 日,第 1 版。

③ Kleinman,Arthur. *Patients and Healers in the Context of Culture*. University of California Press,1980,pp.73–105.

则是病人体察到的在文化背景下功能的缺失。目前我们对此认识不足，在医疗领域对疾病诊断和过度治疗超过了维护身体健康和提高身体素质。凯博文教授认为在所有健康照护体系中，都有着为医患双方所遵守的解释模式，是在个人和社会层面上理解病痛体验并选择诊疗手段的途径。在解释模式的框架之内，凯博文教授提出让患者"谈病说痛的问诊方式"，作为愈疗者的医生有必要以从病患者的角度了解病因、病史以及病人对于诊治方法选择的看法和期待，从而共同寻找出有效的解释模式。①

　　洼村村民对"病患"症状的体验首先来自病人的自我感受，这种感受是从对身体的活动能力受到限制开始的，病患对"我起不来床、不太舒服，没啥力气，是不是得啥病了？"的思考开始，其首要特点是病人对病情的感知、拖延和忍耐。在此阶段，作为仅仅是个人之事，病人倾向于自我承担，比如男性多在外打工或经商，是家里的顶梁柱，挣钱养家的重担实质上是在"用命换钱"的阶段，如果是小病小灾，通常会选择不会告诉家里亲人，害怕不能给予照料，还要徒增烦恼，留守家中的老人和子女尚需要妇女的照顾，若将病症告诉她们，只会增加她们的心理负担。身体疾病表现症状的逐渐加重是接受患病事实的最重要因素，比如：突然晕倒，会被认为是身体出现了严重健康问题所致；持续

---

① 潘天舒：《每周一书——文化语境中的病患者和愈疗者》，http://blog.sina.com.cn/s/blog_6593f6530101hg1t.html，2014-03-11。

痛感，包括有胃部、手足膝关节部位、腰部、头部等部位的疼痛发作，必然伴随着身体扭曲、心理和精神状态的低落并无法完成日常的活计；卧床不起，通过忍耐，希望病情好转，然而一天不如一天，忍受疾病的折磨，无法再进行正常务工务农时，才会从打工地点或家里转入到正规医院进行治疗。以上描述不难看出，有些患有小病的村民经过一段时间的拖延后病情会加重，小病长年累月积攒拖延所致而成为患有大病的病人。人类学视角的医疗通常开始于接着对自己的疾病有了自我主观认知，经过"病患"的体验和判断阶段，患者个人逐渐正式接受了"患者角色"，家里直系亲属对患病亲人的"患者角色"的心理认同和确证后，使患病亲人从家里的顶梁柱身份得以退居其后，从而正式免除家庭主要的社会责任和义务，"个体的患痛是他（她）免除正常的角色活动和社会责任的理由。不过，免除活动与病种和严重程度相关"①。亲属对"患者角色"的认同和证实一方面使家庭其他成员开始进入养家糊口的补位角色，另一方面也为病人操持提供医疗治疗的陪护角色。在进入医院，患者面对医生主诉感到不舒服的症状，持续时间的长短，以及自己曾经的病史，已经吃过什么药，吃过药之后的感觉，是减轻症状还是没有效果抑或是继续加重不见好转，在询问一系列主要症状、已经使用的治疗方法和

---

① 科克汉姆：《医学社会学》，杨辉等译，华夏出版社 2000 年版，第 117 页。

药物等，经过医生开的一系列仪器检查结果出来综合确诊后，病患角色正式由一个正常劳动力变为一个需要人照顾的病人，需要家属的陪伴，进入求医阶段。在从家里的顶梁柱到变成一个病人的角色转变中，求医问药行为的一系列行动过程构成了这一角色转变的关键环节，而医生的最终诊断结果就成为区隔自己是一个健康人还是一个病人的社会性概念，下一步的决定就是开始考虑作为一个病人该如何求医，如何治疗，这已经不是一个个人的决定，而是一种带有社会意义的决定，因为一旦向社会承认自己是一个病人，医患关系就此得以确立，医疗机构、患者和治疗物所构成的医疗场域得以形成，在这个场域里，不仅仅只有冰冷的医疗器械和各种药品对身体的治疗过程，还有患者的内心焦虑痛楚、体悟人生疾痛的叙事表述。

　　在洼村，村卫生室就建在村"两委"办公室的旁边，卫生室的医生有医师职业资格，是镇里药房派下来的，虽然专业水平较为有限，但每天和村民打交道，基本对村里农民的身体状况都有整体的了解和掌握。卫生室有两间房，外墙上贴着提醒村民要打疫苗宣传图，由于村里的老人、妇女和小孩子居多，所以拿药看病的多是这两类群体，每一个来看病的和买药的人她都细心检查，来的次数多了就能够知道村民大致的病情和程度，拿多久的药就可以治好或稳定住。在村民的口碑里，这是个成熟稳重、很具有亲和力的医生，无论最终是否能将病彻底治好，至少在村民看来，

图 7-1　马村医给妇女拿药

她是值得信赖的，显然医生已经和村里的人融为一体，在这个小小的熟人社会中，她与其他村民一样，是这个村的一员，为她在村里赢得了很好的口碑。"村里老人小孩的基本动态健康档案我们都建着呢，每个月门诊有 300—400 人次，免费测血压，每天过来看病扯磨的人多得很，平时亲戚啥的还忙得都见不到，在我这儿看病有时就都见到了，家长里短聊上一阵子，再去各忙各的去。"①

　　卫生室的规模上，医疗器械方面有听筒、一次性针筒、血压计、针灸、火罐，属于最基本的基层医疗设施配备，属于初级卫生保健，来诊所就诊的基本是感冒发烧之类的小病和各种慢性疾病，如果照 X 光、CT、心脑电图、胃镜、化验、理疗等检查和辅助治疗之类就要到镇里的医院了。村卫生室免费为村民提供的服务内容有医疗服务和公共卫生服务两大类。医疗服务项目主要有：常见病、多发病的诊断治疗，危重症急救转诊；开展慢性疾病（高血压、糖尿病、重症精神病）的管理、监测、随访；开展儿童常见病及生长发育监测；开展中医适宜技术推广及康复理疗；开展急救及突发公共卫生事件的预警和报告。公共卫生服务项目主要有：开展村内适龄儿童免疫接种、监测、处理、报告；为村民建立健康档案；开展慢性病、公共卫生、健康知识的宣传和教育；对 0—6 岁儿童建档、体检；协助开展妇女病筛查，对产

① 报道人,MXH,女,38 岁,洼村村医；访谈时间:2021 年 10 月 12 日；访谈地点:洼村卫生室。

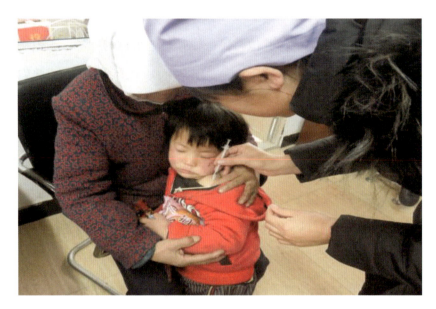

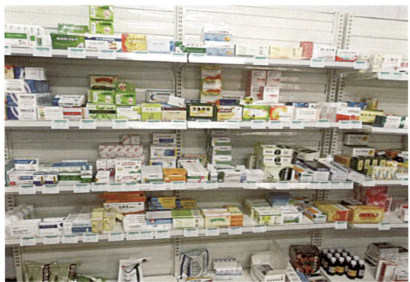

图 7-2　儿童注射疫苗与药品

妇进行产前检查、产后访视；开展传染病（结核病、艾滋病、肝炎等）的发现、报告、登记、处理，对村民死因监测分析；开展老年人健康体检、评估；开展高血压、糖尿病的筛查和管理；开展重型精神病的登记、报告管理；协助卫生监督机构开展村内学校、小卖部、饭馆水质、食品来源等卫生监测，共提供细分的14类54项公共卫生服务。

　　通过笔者对所接触到的洼村病患的访谈，地方性知识与患者疾病治疗之间存在较为密切的联系。我们可以将病患治疗实践概括为医患关系在通过地方性知识结合后的多元的治疗方式和一元的认知方式。"多元与一元"高度涵盖了医患的行动和思想的相对统一性，对病患的疾病治疗方式选择具有较强的概括性和指导性。村落里的医患关系是医疗中最基本最重要的关系，传统的医患模式下，如在帕森斯的名著《社会系统》一书中将医生的角色定义为利用他的技术能力和掌握的现代医学手段有效地处理患者恢复至健康状态，医生应保持专业技术性、感情中立性、知识权威性，医生角色的专业举止实际上是患者和社会对医生的角色期待，医生拥有专业知识而产生的权力，以确保患者遵照医嘱配合治疗[①]，这可能会产生一种有期望但不平等、不对称的关系。而人类学视角的医患模式则为医患平等、相互尊重、相互参与的模

---

① 　F. D. 沃林斯基：《健康社会学》，孙牧红等译，社会科学文献出版社1999年版，第224页。

式。洼村里的马医生与前来看诊的人从开始接触到结束的一系列动作和语言过程是依次这样呈现的：进来坐下，拿出病例，问询病因，开始回答，继续对话，身体检查，写病例，开处方，付费拿药，在整个问诊治疗过程中，医生与患者之间包含着双方的信息交流与信任关系，不会因为农户经济困难而有任何不同的区别对待，这是笔者在田野调查中感到特别温暖的，因为患者在遭受肉体的折磨时遇到医生温柔的对待心理压力会减轻很多。

现场案例：一位甄姓老阿婆，手捂肚子进来，在诊疗过程中，有这样一段问诊对话：

图 7-3　病患治疗现场

村医：阿婆，你是哪里不舒服？

患者：我这里疼得不行（指肚子部位）。

村医：疼了多长时间了？

患者：有一两年了，疼了我就吃点止痛片，不疼也就不吃了，这两天又开始疼了，止痛片吃也不管用了，就赶到你这来了。

村医：今天吃饭了没，吃不吃得进？

患者：今儿起来就吃了点洋芋楂楂，喝了点水都吐了，昨晚上疼得一夜没咋睡，疼了就用手按上。

村医：先把袖子撸上去，量个血压看看，再把你衣服掀起来，（戴上听筒手指按压肚子并在不同位置移动），听一下，是这里疼吗？

患者：不疼，再往上一点。

村医：（听筒逐渐向上移动）是这里疼吗？

患者：就是就是。

村医：现在按着疼不疼？

患者：疼着呢。

村医：（拿下听筒），你这个胃病三分靠治，七分要靠养，喝茶着没有，馓子和麻花是不是也常吃着呢。

患者：那喝着呢，儿媳妇每天早早给我们泡上了，吃药也是茶水送的，馓子和麻花天天早上吃着。儿媳妇经常都给这样子吃喝呢。

村医：你今天看完病回去要注意下，喝茶有很多好处，能消除疲劳、提神醒脑、促进消化，新陈代谢比较好，也刮油，对血管、心脏也好，但是在早晨一起来就喝上、饭后继续喝浓茶都会造成你消化不良、营养吸收不好、还有贫血的不好反应，这个习惯要改，你在饭前半小时和饭后一小时内都不适合喝浓茶。茶就暂时莫吃了，还有炸的馓子和麻花，脂肪高得很，不好消化，吃完你胃消化不了，要饱胀上火、食欲不好，你常吃炸食的食物对你健康不好，让你儿媳妇做点馍馍、包子和花卷，好消化一点，你还要注意，你还有糖尿病，面条、小米粥、芝麻糊升糖指数都高着呢，这些你要少吃，听好了吗？

患者：以前不知道，现在听好了，那要多久就可以治好不疼了呢？

村医：我看至少要花上一个月左右的时间，你隔上五天来看上一次，吃饭一定要注意呢，浓茶别喝了，回去告诉你们掌柜的也别喝浓茶了，先只能吃面、吃稀饭馒头，软乎的热乎的，先调理，胃要养呢。

患者：你是大夫，你说咋做我们就咋做上。

村医：我给你教上个穴位，再疼了就按揉上，平时的话，有时间也按揉按揉。

患者：哦，那好着呢。看我学的会不。

村医：你再疼起了，就按揉膝盖上边外侧一点的梁丘穴，止疼呢。就在这哒呢（说着给老阿婆比划着位置，又在老阿婆腿上示范着）。记得住吗？

患者：能成。这叫个啥？

村医：你记住地方就成，疼时拿小擀面杖头头按揉着，管用着呢。（随后又教了一个保健穴位，中脘穴，让没事揉揉。）①

随后，医生给老姨妈开了助消化、保护胃黏膜的胃药。

在从田野观察的这段医患之间的对话中，可以看出医生看病的顺序是先从对患者身体的基础检查开始，随后在问诊过程中理解病情的方式与视角是从多方面思考出发，因为对患者进行治疗不仅仅是一个生理性检查过程，也是一个地方性知识参与治疗的过程，医生在交流过程中特别关注了患者疾病体验的饮食习俗各个方面，医疗过程是一个以患者为治疗中心的"人的具体生活实践过程"，而不是一个以病理为诊断中心的"病的具体生物控制过程"。在现代精密诊疗仪器的广泛应用于临床诊断的今天，公立医院的医生诊断疾病更多的是依赖各种仪器对身体所做的各项

---

① 报道人，MCF，女，55岁，洼村村民；访谈时间：2019年10月7日；访谈地点：洼村村部卫生室。

检测指标来确诊，仪器检测指标诊断病情的轻重只对患者身体的某一种疾病或身体的某一器官的病变负责，在患者治疗过程实践中，医患关系更多表现出一种医疗身体规训的市场交换关系，而不是医患之间深层的信任互动关系，导致医生与病人之间的关系因为冷冰冰的仪器而不断疏离。[①] 而村里卫生院的医生和公立医院的医生处于两个不同类型的空间，没有公立医院流水线般紧张忙碌刻板的操作，可以坐下来与患者有足够的时间扯磨交流，气氛是放松愉快而不是紧张拘谨，感觉不到医生对患者的强势支配，患者在扯磨的过程中也可以表达自己身体病痛体验的由来，对于医生捕捉寻找生病原因提供了知识共享。如果病不急也不干农活，医生会和患者及家属边聊天边问诊再拿药，孩子上学、娶媳妇花钱、村里的大事小情，都可以夹杂其中互相交流。患者说不清的情况家属也可以参与互动补充说明，涉及病人隐私的疾病她还会让其余等候的人先退出医务室，在外面先等着。洼村医生从早晨八点开始工作一直持续到下午五点关门，中间吃饭也在医务室随便一吃，在诊疗时间上可以随意收缩，也可以同时进来几个人一起边看病边聊天，患者很多都是亲戚本家，也可以互相聊上，开药时不忘询问患者的家庭生活情况，通常疗效差不多的会选择更便宜的药给患者，治疗方案的制定也会受患者的经济条件

---

① 管志利:《管村的医疗场域和惯习》，苏州大学 2009 年硕士学位论文。

状况的影响，这样多为患者考虑的医患关系会比城镇医院的医患关系更亲密和值得信任。洼村村落空间展现的是一个医生与村里所有患者的稳定持久联系，而在城镇医院空间呈现的是多科医生与陌生的不同患者的流动暂时联系，患者更像是医生的一个"客户"，倍感疏离。从洼村马医生的诊疗过程看来，明确当地村民存在的主要健康问题为胃病后，通过参与式方法分析问题的主要原因（饮食、气候等），讨论并制定相应的防治对策（饮食清淡、保暖防风、调整心态等），使地方性社会文化因素积极参与医疗过程，人的身心是一个整体，治疗过程离不开文化理解，离不开人文关怀，文化对疾病治疗和身心健康都产生了积极的影响，医患之间保持较为亲密互信的关系，使得治疗过程中医患之间的情感交流更加顺畅，治疗效果也更加显著。

二、"病患"在治疗环境中的叙事

对于"病患"治疗的理解需要回到患者对社会生活本身的整体性理解上，需要对病患治疗中的社会环境叙事进行具体分析。患病村民在医疗环境中寻求医疗资源的治疗选择，以求得康复。在进入治疗阶段后，病患和家属会积极配合医生服用药品或手术的治疗，同时也会寻求各种辅助非医学的治疗，在此环境中，会形成医患之间的各种交往关系，一场疾病不只是简单身躯的苦痛，还有医生和家庭、亲朋好友等交织在一起的人生体验，叙事内容在围绕疾病治疗环境中展示出病患的治疗选择和生命意义。

1. 医疗环境中病患的疾痛叙事

刚从县医院出院的洼村三队患者 MTL 在村医务室拿药时对笔者说："人生经历的一些苦难事，像疾病、灾祸、不幸啥的，身体的毛病有时候不知道咋就得上了，有些是预防也防不了。就是感觉身体上哪里疼了不松泛了就是得病了嘛，我就是头疼和腿疼得不行。头疼是小时候发烧落下的病根，那时家里穷得很，没钱治，脑子烧坏了，差点抽死了，腿子疼也是冬天没有棉裤穿，风硬吹得冻得受寒凉了，再加上干活重，年轻的时候在地里收玉米，扛一麻袋玉米放上车就不欠力气，一会儿就能扛着装一车玉米，自己硬是把膝盖骨这疙瘩劳累过了压坏了。你看我现在身体胖得很，就是吃药吃得一下就胖起来了，走路出门要挂个拐杖呢，身体太重压得腿子疼得走不了路，马医生给我看病有专业的说法，还给我们都建了这个袋子里装的叫健康档案，这个档案写在病历本上说我有心脏病、血管硬化、关节炎、偏头痛这些病，你看看这个上面问得细得很，记得也清楚得很。"①

　　马村医给村民建有健康档案，档案里有村民基本信息表，除了基本身份信息、家族病史、既往病史、药物过敏史外，又添加了一项生活环境调查信息，包括厨房排风设备有没有，如果有的话，是抽油烟机、风扇还是烟囱；做饭燃料是煤、液化气、沼气或者柴火，饮水是自来水还是窖水；厕所是露天厕所还是简易棚厕；禽畜栏是单设还是在院落里，把生活环境也就是卫生条件作为健康保健项目的一项，也充分说明了农村卫生条件是健康风险的一环，需要得到重视和警惕。体检表除了检查身体疾病，对生活方式也罗列出了一系列检查项目，比如是否参加体育锻炼、饮食习惯、抽烟喝酒、职业病危害因素接触史的检查。洼村的厨房和做饭的铁炉子相接的排风排烟设施是烟囱，做饭燃料一般是煤和柴火，饮水是家家都有自来水管道，但冬天仍然用窖水，因为冬天自来水管道埋在地里被冻住了，厕所基本都是房后的露天厕所或直接在自家地里解决，禽畜栏牛羊单设居多，但鸡、兔子、狗养在院子里的居多。这样看来洼村的初级卫生保健在促进村民形成健康的生活方式和饮食习惯，改善环境卫生，预防疾病发生，控制健康风险的发生等方面，还有很多工作要做，要完善，预防保健的成本远远低于治疗成本费用，慢性疾病的起因和康复

---

① 报道人，MTL，女，55 岁，洼村村民；访谈时间：2021 年 10 月 11 日；访谈地点：洼村村部卫生室。

都与生活环境和生活习惯密切相关，疾病发生初期的预防和后期的保健工作，是解决普通家庭"因病致贫"的重要环节。

马村医在为村民建立健康档案的封皮上，有些档案的左上角贴着彩色的卡纸，绿色代表 65 岁以上的老年人，红色代表高血压患者，黄色代表糖尿病患者，黑色代表精神病患者，蓝色代表癫痫病患者，为了便于查找各类人群的档案，这样一看档案封皮就大致知道村民是否患有慢性病，都是哪种慢性病。如果是村民患有高血压的慢性病，就会在档案里夹有《高血压中医日常保健办法》和《高血压患者随访服务记录表》，提供日常保健办法是对症的菊花茶饮、葛根粥平衡食疗、季节更替情志调摄养生和顺应季节运动调治方法，简单实用，易学易懂；随访服务记录表格里随访日期、随访方式、体征、生活方式、用药情况指导、转诊、下次随访日期都有详细记录，一目了然，便于筛选高危人群，对于贴了各种颜色标签的村民，他们的健康状况可以通过标签颜色和多少来判定，这样便于了解病情，方便管理和观察追踪，以采取各项有针对性的预防措施。村民一般是先在村里医生那拿点药，省钱方便，吃吃看能不能好，管不管用。四队村民 MHL 说："这个卫生室建起来后，解决了我们家庭很多困难，服务项目很全很多，都是我们容易害的病，我们村一般年轻人都在外面打工，不得经常回来，家里老人孩子有个病啥的都牵绊着呢，现在生病就地就看了，一般都是家里婆姨、老

图 7-4 村民健康档案

人和小孩子生病就到医务室买点药吃，或者行动不方便给马村医打个电话就上门看了，有村医在村里看病方便多了，解决了我们家里的大问题了。"①

这样治病就产生了分流：经过了保健预防、身体体查、初级诊疗后依然不能康复的病患，在医疗过程中产生了区隔和分流，在基层医疗不能治愈的病患，需要根据分级诊疗的规定向县级及以上医院分流，按照病情的轻重进入不同等级的医院进行治疗。

在现代医学治疗环境中，患者就医的选择包括公立的甲等医院、私立医院、基层乡村卫生室、私人诊所和药店的售药人员

① 报道人，MHL，男，59 岁，洼村村民；访谈时间：2021 年 10 月 7 日；访谈地点：洼村村部卫生室。

等，该环境又可以按病情轻重细分为两个阶段，第一阶段，一般的小病选择离家近、花钱少、治疗简便的洼村医务室和就近药店问询买药治疗；第二阶段，要命的大病选择离家远、花钱多、治疗复杂的公立甲等医院治疗，这里主要体现为去较大规模医院吃西药和医生检查、器械诊疗阶段。现代西医和传统中医因为看待疾病来源的医疗体系不同，现代西医是一种以实证主义为取向的疾病发病病因学说，认为每一种疾病的发生都能找到它致病的原因；传统中医是以阴阳平衡、五行学说为理论基础的医学体系，依据不同的病理学说形成了不同的诊疗方法，传统中医以望诊、闻诊、问诊、切诊为主要诊断方法，现代西医以生物检验为主要诊疗方法，中医以传统经验为诊疗基础。

但实际上，西医的各种检验结果和中医的阴阳五行理论，对洼村的村民来说都属于不知所云。对于洼村的村民而言，他们只知道西医治得快，中医治得慢；一般急病、确诊的病西医针对性强，而一般不能确诊的疑难杂症、慢性病及保健预防的毛病中医更在行。洼村的村民一般很愿意遵照医嘱，医生说咋看就咋看，医生说下一步去哪里看就去哪里看。在田野访谈中来医务室看病的洼村一队的 ZZC 家的媳妇子，给笔者讲述了她女儿因病就诊中医、西医选择治疗的故事："我家女娃上高三了，学习压力大，在城里重点高中宏志班读着呢，打电话回来给我说她那个例假已经来了十几天了还没完，心里有点害怕，以前都是正常有规律就结束了。女娃心里也羞得不行，不好意思自己去医院，问我咋办呢，我想这就是身体失调了么，我就赶到城里学校，向老师请了假，去最好的中医院挂了专家号，人多得哟，等到快中午才看上，专家就问了月经情况，把了脉，就开了张单子让去做 B 超，那时候已经中午了，做 B 超的都下班了，我们随便吃了点饭，就赶快回来排队等到下午才做上 B 超，做完了给专家看了，说没啥事就开了中药，是一周的，一共花了 300 多块钱，在药房煎了药拿回来吃了一周娃说还没有停。我们又去那家中医院，结果那天看病的专家不坐诊，只好又挂了另外一个更厉害的专家，说是个主任，看完了说这次多加个阿胶，问能承受药费不，我说能呢，要不咋办呢，结果这次开了 500 多块钱的中药，拿上吃上还是没有停，还是流血，这把人愁坏了，娃娃说血流的头晕得不行，浑身没劲，我家掌柜的说要不去看看西医。然后又带着娃跑到人民医院挂了西医妇科的号，那个大夫也没把脉也没让伸舌头啥的，就是又让去做了 B 超，然后说你家娃就是精神紧张，开个药，回家按时吃 21 天，一天一片不能断，就可以了，要是她高考时来月经就把这个药也吃上，会推迟月经一周，就不会影响考试了，这个病现在中学生好多都有，等考上大学就好了。我们取的那个药就一盒 132 块钱，也贵呢，拿回来娃吃上 2 天以后月经就停了，你看这一个月把娃和我折腾坏了，学习和身体都受影响了，咱们不懂么，你看要是直接看西医多好，省钱还治得好，那个中医就是骗人钱呢，以后给娃娃看病都要看西医呢，中医不管用。"①

目前洼村村民中患慢性病的老年人居多，在治疗慢性病的时候选择中医的比较多，他们选择中医，一方面是村子里许多慢性病看中医有见效的病例就在身边；另一方面是因为中医在农村是相对较便宜的。有许多慢性病患者，对中医的信赖感较强，尤其是慢性胃病、腰腿疼、偏头疼、骨质疏松等影响日常生活和下地干活的病种。在村卫生室，笔者看到有烤电、拔火罐、扎针、按摩治疗病患的。笔者在村卫生室碰到来治疗的村妇女主任，她是3个孩子的母亲，关节炎病得了很多年了，属于是月子里落下的病根，沾了凉水受凉了，手关节肿大，吃西药没治好，药的副作用也大，药费也贵，后来一直就在村里烤电、扎针，西药减到只吃一种，感觉效果很好，现在也敢碰凉水了，手上也能吃住劲了，每周来三次，因为是中医治疗，烤一次电3块钱，花销不大也能承受。村卫生室不定期会有省里专家入村进行扶贫医疗帮扶诊治，马村医提前几天就会通知到每一位村民，派下来的都是针对村里常见病、疑难病治疗的专家，有妇产科专家、心脑血管病专家、针灸骨伤康复科专家等，徐大夫是省医院中医科主任，中医诊疗方法给笔者留下印象很深刻。徐大夫说："中医的医疗理

---

① 报道人，MCH，女，39岁，洼村村民；访谈时间：2021年10月9日；访谈地点：洼村村部卫生室。

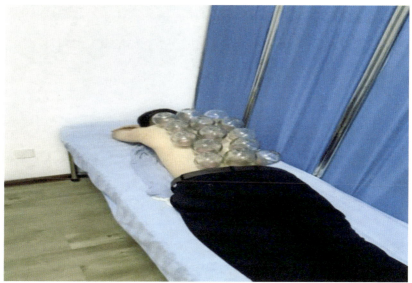

图 7-5 中医针灸和拔罐

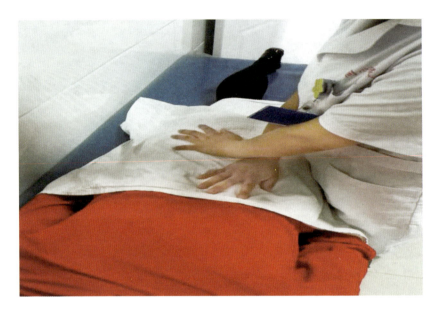

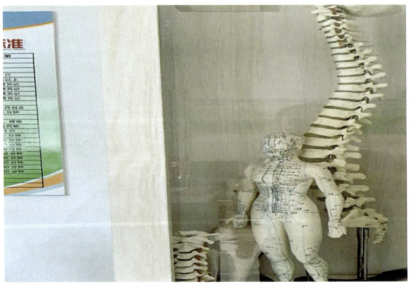

图 7-6　中医经络按摩

念是简（简单）、便（方便）、廉（廉价）、验（灵验），这最符合咱们村里的实际情况，简单就是操作起来人人都会，不需要复杂的动作就能完成；方便就是在哪都能做，不一定非要去医院；廉价就是很多治疗不需要花钱或只花很少的钱；灵验当然是最重要的，只要方法正确，持之以恒，都能见到很好的效果。"[①] 村里四队的 ZZG，家里光景过得不行，盖房子舍不得雇人，自己搬石头，闪了腰。来到村医疗室是婆姨扶进来的，马村医问了情况，说是要去镇医院拍片子，ZZG 不想去，他怕花钱多，让按摩扎针，马村医说不拍片子不敢按摩，正好徐大夫在村里巡诊，他先摸了摸腰，说可以扎针治疗，让他躺到诊疗床上去，但他疼得厉害，根本爬不上去，众人也不敢硬抬，怕二次受伤，没办法，他就趴在床沿上，徐大夫就在他眉心处用针灸的针自上而下竖着扎了三根针，然后让他慢慢扶着床沿蹲下，ZZG 身体像慢镜头一样蹲了蹲，缓缓起来，让他再这样反复做起蹲的动作。眼见着速度逐步快了些，幅度大了些，ZZG 自己都不敢相信，再接着让在房子里来回走走，若干个来回后，ZZG 不再像刚来时走得那么犹豫小心谨慎了，似乎也没那么痛了。ZZG 自己莫名其妙地笑着走回到床边慢慢能爬上去了，屋里的人都惊叹佩服得没办法。徐大夫这时告诉他，回家观察一天，若没有加重，明天再来

---

① 报道人，XXY，男，54 岁，省医院中医专家；访谈时间：2021 年 10 月 10 日；访谈地点：洼村村部卫生室。

还是扎针外加按摩；若重了，一定要去拍片子，看腰椎有问题没有，有的话那就复杂了。后来，听马村医说他没去拍片子，腰基本不疼了，但也不敢弯腰使大劲，在家养着呢。在卫生室还看到村主任在拔罐，早些年村主任常年在外地包工程，搞装修，饥一顿饱一顿肠胃搞坏了，辣子早就不吃了，一不注意吃硬的、刺激性的和凉的东西就胃痉挛，痛起来浑身湿汗，去医院看了也吃了不少药，还是时有反复，后来在城里中医院通过经络疗法，现在基本好了，吃饭也不再用那么挑剔了，吃饭怕凉、怕烫、怕油腻的情况都好转了。徐大夫在村主任身体上给马村医做了示范，说这就是梁丘穴（在伸展膝盖用力时，股外侧筋肉的凹陷处），有节奏地按压可以迅速缓解胃痉挛，渊腋穴（举臂，腋下 3 寸处）治疗腹部痉挛，要保暖，多按摩背部腧穴（后背腰部相应脏器位置的高低基本一致处），对辅助治疗胃病、肺病、肝病都有很好的效果。马村医学会后，看病时就会告诉这些病患，学会知道自己的穴位，在家里也可以让家人帮助按摩，这样既不用花钱还能缓解病痛。

2. 经济环境中病患的选择叙事

经济环境对于处在治疗过程中病患来说，也会产生重要的影响，因为医疗环境与经济环境是相互交织的。在洼村，卫生室的医疗条件是较为简单的，但是宣传和卫生保健工作还是做得很到位，卫生室针对农民健康需求、防治知识、预防知识、疫苗接种、肠道传染病防治知识和卫生习惯等，有针对性地深入农户家中开展健康知识宣讲，制作发放宣传资料100余份，丰富了农户的健康知识，广泛张贴卫生标语、口号，保留时间长，号召和宣传效果强，能够营造出健康快乐的治疗氛围。马村医介绍说："咱们这个村老人、妇女和孩子居多，年轻人都在外面打工，就诊的不多。老年人慢性病多，高血压、糖尿病、腿脚不好风湿的；慢性胃病的居多，腌酸菜腌萝卜吃得也多，一年四季主要的蔬菜就是地里产的马铃薯，饮食种类单一，饮食时间不规律；小孩子上呼吸道感染和腹泻的多，娃娃感冒都是家里炉子热，外面冷么，跑出来要就感冒了，腹泻一般都是喝凉的牛奶、垃圾小食品吃坏了；高血压很多是吃牛、羊肉造成的，还有就是重盐，吃面就靠一把盐；风湿性关节炎基本都是劳动干活外出奔波得上的，村里一直也没有公交车，骑那个电驴子开上钻风得厉害，对腿关节不好，上了年纪就都受寒了；还有老人患骨质疏松的，缺钙主要是新鲜蔬菜吃得少，奶也喝得少，营养不够；还有就是外伤，胳膊、腿磕烂了碰破皮了的。卫生室有480多种药，其中西药350多种，148种是基本医疗报销药品，各类中成药30多种和30余种针剂，医保开药报销70%，基本上都能满足村上村民头疼脑热、小病小灾的需要呢。2017年全年就诊人数4800人次，药品销售总额大致为 108000 元左右，老百姓自己掏了总共 3 万左右。"①

　　洼村外出务工的村民，很少有靠技能而不靠体力挣钱的，体力劳动一般都是在长时间、高强度、高污染、高风险的环境下工作，所以对于洼村人而言，在患者治疗的过程中，治疗效果的取得不是基于病情的缓急，而是基于家庭是否具有支付能力能承担得起。

表 7-1　2017 年洼村各类病患治疗费用的均值、最值

（单位：元）

病患类型	人数	总金额	最小值	最大值	平均值
胃肠病患	26	48700	240	21000	1873
妇科疾病	23	18700	160	5800	813
心脏病	11	16800	120	13400	1527
高血压	28	89800	110	8700	3207
风湿病	18	7600	100	2300	422
感冒	45	5900	6	210	131
眼疾	7	1300	130	490	185
其他	13	300000	37	210000	23000

数据来源：洼村卫生室提供。

① 报道人，MXH，女，38 岁，洼村村医；访谈时间：2021 年 10 月 12 日；访谈地点：洼村村部卫生室。

　　病患类型和治疗费用影响治疗病患的选择，通过对 2017 年洼村各类病患治疗费用的均值和最值的统计，可以发现小病只需花很少的钱就可以治愈，大病则需要花上万元甚至几十万以上还不一定能治愈。从表 7-1 中数据和田野调查情况综合分析看，村民通常在有头疼脑热的时候会首选村卫生室，药品较为齐全还可以报销，自己只花很少的一部分钱就可以得到治疗，只要控制住病情，就可以不吃药了。洼村妇科疾病人数较多，马村医说："每年国家都会有免费筛查宫颈癌、乳腺癌的体检项目，但是村里的妇女以前都特别保守，都不愿意去做检查，很多时候就是小病没有及时发现治疗，没有明显症状，等到发现时已经来不及

图 7-7　妇女疾病筛查

治，到癌症晚期了，村里就有得了乳腺癌的一个妇女，才 24 岁，感觉胸痛难忍，到大医院一查，是乳腺癌，过了十天后就动了手术，左乳全部切除，后来放疗了 8 次，光是放疗费就是十几万，最后骨转移，花钱受罪病没治好走了，留下两个孩子可怜得很，所以转变观念重要得很呢。村里的妇女早育和多产都会使得患病概率增高，所以免费定期筛查特别重要，现在我们经过每个生产队的广泛的宣传和动员，普及卫生知识，告诉她们早发现早治疗的好处，到现在一般育龄妇女都选择过来检查上，通知完要检查的时间就都来了。经过我们的努力，现在这个病全村妇女基本情况我们都掌握了，现在妇科病基本没有向坏的方面发展，这方面我们卫生室都注意着呢。"①

三、疾病治疗的良性循环

在洼村人眼里，能治好病是最紧要的，医疗机构技术条件对病患的影响是最大的。在田野调查中发现患者先是到村里的卫生室、镇上小医院就诊。这个阶段，患者对病痛的自我判断是问题不大的或先到小诊所、小医院打探一下病情，寄希望于吃药打针

---

① 报道人，MXH，女，38 岁，洼村村医；访谈时间：2021 年 10 月 11 日；访谈地点：洼村村部卫生室。

解决问题。如果病情没有得到解决，一般会选择去县医院就诊（洼村及周边村镇还多一个选择，离洼村20公里黑城镇子上，有一所自治区人民医院的分院，常有省城的医务专家支援山区，轮岗在此值班）。一旦患者查出是大病、重病，一般都会尽量去银川市最好的大医院去复诊，如果确诊在本地医院医治不好的大病，还会选择去周边医疗条件更好的大城市西安或者到医疗条件最好的北京去治疗，要想方设法去，希望能治好病。病患需要住院治疗时，病患的策略是选择去公立医院看病，诊断清楚病情，再根据治疗花费情况和现有的家庭收支，权衡出一套专属自身的医疗方式。对于住院治疗，洼村基本医疗保险住院费用具体待遇如表7-2所示。

表7-2　住院医疗费用报销比例明细

项目	住院费用报销比例				最高支付限额
	三级甲等	三级乙等	二级（县区级）	一级（乡镇级）	
起付线	1000元	700元	400元	200元	
一档（个人缴费90元）	45%	70%	80%	85%	7万元
二档（个人缴费250元）	60%	80%	85%	90%	12万元
三档（个人缴费505元）	65%	85%	90%	95%	16万元

　　对于惠及患者的合作医疗保障制度体系，大病保险报销起付线是3000元，报销比例不低于90%或当年住院自费累计不超过5000元，这也有效解决农民在患病住院医疗费用支付分担的问题，是符合病患大病、重病的治疗迫切需求的。参加基本医疗保险缴纳标准如表7-3所示，其余部分由中央、自治区及县（区）财政按规定比例予以补助。特困人员中的农村成年低保对象、未脱贫的成年人员选择一、二、三档参保，个人缴费部分分别为30元、130元、475元；农村二级及以上重度残疾人、农村五保对象个人不缴费，享受三档报销待遇；农村重点优抚对象、农村享受高龄津贴人员参保选择一档的个人不缴费，选择二档、三档参保个人缴费分别为100元、445元。对参保的农民在一个年度内（每年的1月1日至12月31日）因病住院和门诊大病发生医疗费用经基本医疗报销后，单次或累计个人自付达到8100元以上的合规医疗费用，由大病保险资金按不低于50%报销比例报销。对患国家和自治区确定的20种重大疾病（急性白血病、食道癌、胃癌、先天性心脏病等），在大病保险规定的分段支付比例基础上进一步提高支付比例。各段费用实行分段计算，累加支付，报销比例如表7-4所示。

表7-3 基本医疗保险各档次缴纳标准

（单位：元）

参保档次	一档	二档	三档
普通农村成年人	130	270	545
普通城乡未成年人、在校大学生	130	—	545
农村成年低保对象、未脱贫的成年人员	30	130	475
城乡低保对象中的三级中度残疾人	—	34	475
城乡三级中度残疾人	—	64	545
农村重点优抚对象、农村享受高龄津贴人员	0	100	445
城乡未成年低保对象、未脱贫的农村未成年人员、城乡低收入未成年人、家庭困难在校大学生	30	—	475
城乡二级及以上重度残疾人、农村五保对象	—		0

表7-4 大病保险具体报销比例

分段	年度个人负担合规医疗费用（元）	农民大病保险支付比例（%）	20种特殊病种支付比例（%）
1	8100—20000	50	51
2	20000—50000	52	53
3	50000—100000	54	55
4	100000—200000	57	59
5	200000—300000	60	62
6	300000—400000	63	65
7	400000—500000	66	68
8	500000 元以上	70	73

基本医疗保险在缓解村民"因病致贫"的一个最大帮助就是对于大病的保障，通过国家财政普补和个人缴费来切断病患"因病致贫"的现实可能性，这会极大地影响医疗过程中病患就医方式的选择，也就是给了病患在疾病面前可以公平看病就医机会，切实缓解了农户家庭在重大疾病上的医疗费用支出，降低了病患"因病致贫"的压力，在县医院医保范围内的困难家庭大病报销比例最高为90%，不致为维持生计而采取消极就医，使病情更快恶化。

"扶贫保"作为大病补充的医疗保险，是针对农户在住院期间发生的医疗费用在基本医保、大病保险等其他机构报销后不为零的个人自付费用，金额按照一定比率予以再次赔付，是大病医疗补充保险，对承保人群的女性特定疾病报销比例，限定年龄在22周岁至60周岁妇女，患有原发性卵巢癌、原发性子宫内膜癌、原发性宫颈癌、原发性输卵管癌、原发性阴道癌、子宫肉瘤、乳腺癌疾病，按农民基本医保、大病保险补偿后需个人负担的目录内医疗费用，由"扶贫保大病医疗补充保险"报销补偿100%，保费45元/人，最高赔付10万元/人，保费资金来源由扶贫专项资金全额补贴。参加基本医疗保险后的参保人每人缴费20元，可享受健康商业保险。患者全部纳入医疗救助范围，患有重特大疾病的患者，年度最高救助金由现行的8万元提高至16万元。最后实行政府兜底保障政策，患者年度内在医疗机构产生的费用通过基本医疗保险、大病保险、扶贫保、商业健康保险、社会救助、疾病应急救助、医疗救助等报销后，享受政府兜底保障，确保患者年度内住院医疗费用实际报销比例不低于90%或当年住院自费累计不超过5000元。服务于大多数群体的医疗保障体系日趋完善的情况下，洼村患病的慢性病人多，对于病患而言，真正重要的是在家庭关系中寻求精神支撑和经济支援，使得自己受到尊重和照顾，不要脱离各种社会关系。慢性病很多治疗费用并不能在住院保障费用里面报销，这样的治疗效果会大打折扣，呈现出一种错综复杂的治疗形态。

第八章 结 语

　　本书选择一个西北传统村落作为研究对象，运用田野调查方法，依据生态人类学理论和发展人类学理论，结合"村落民族志"的研究方法对洼村展开调查研究，"深描"村落的生态适应、生计方式、婚姻家庭、义务教育、医疗卫生等微观主体生存的实像、特征，阐释传统村落在乡村振兴发展进程中所面临的情境与生境。

　　面对人多地少的农业生态环境和农民生存现状，只有当种田的人劳动力转移进城务工后，这些务工的农民才可以将之前在农业的获利机会让渡给仍然留在村里务农的农民，这样既提高了留村务农村民的收入，务工农民也获得了进城打工的收入机会。洼村进城务工和经商的多为青壮年，在家留守的是年老的父母和年幼的孩子，这种"以代际分工为基础的半工半农"

家计模式,① 使得村民家庭收入的持续增长才成为可能。从市场角度来看,在洼村的生计活动之中,外出务工收入是农户收入的最主要来源,在此趋势下,面临生存的主要矛盾是"生产条件的外部化与自我生产能力弱小的矛盾;交往范围的不断扩大与集体行动能力不强的矛盾;生活消费的无限扩张与满足需要能力有限的矛盾"②。

随着外出务工的普遍化,洼村农户提高家庭收入的生计仍坚持着"风险最小化"的取向,一般不会轻易地改变农作物生产经营方式,受限于坡耕旱地地形影响,只能推广小型机械化作业,农户保留了当地绝大部分的种植传统,他们耕种的粮食谷物主要用于自己消费,种植满足家庭人口和牲畜草料的多个品种,以保证家里的基本粮食需求和牲畜需求不用货币购买,少许剩余拿去市场变卖,获得一些货币收入,用来买油、盐、酱、醋等日常消费品。洼村留守的老人、妇女务农成为家庭生计的最后保障。耕种主要靠天吃饭,只要有雨水,就会有收成,投入成本和劳力不多,收获不多但比较稳定。因此,农户的生计活动仍然保持两种基本的内在的生存逻辑平衡,一方面是主要生产性收入依赖于外

---

① 贺雪峰:《乡村建设的重点是文化建设》,《广西大学学报(哲学社会科学版)》2017 年第 4 期,第 89 页。

② 徐勇:《"再识农户"与社会化小农的建构》,《华中师范大学学报(人文社会科学版)》2006 年第 5 期。

出务工收入的"货币逻辑";另一方面,是传统的种养殖业仍然是最稳妥的生计方式的"生存道义"逻辑。[①] 在现阶段,"货币支出压力是农户行为与动机的主要约束和目标,小农生产和家庭资源配置都围绕这一目标进行。"[②] 尽管当前"货币逻辑"构成了农户生计生活的主要约束条件,但同时,受限于洼村的自然条件和恋土情结,"生存"和"风险"也仍然是他们经营家庭生计的重要影响因素。那些仍坚守在土地上的农户则越来越不能抵御风险。[③] 工业社会所造成的不确定性是其根源,在一个财富积累与消费观念按照物质商品的供需关系决定的社会,农户在收入增长缓慢而消费支出迅速增长的情况下,消费的一只脚还深深地陷在传统社会的泥土里,另一只脚却已经不自觉地迈入了现代消费文化时代。以前自给自足的粮食自种、蔬菜自产已经被市场上出现了丰富的农副品种所替代,"欲望的自限"被打破了,对大规模的商品消费,满足了农户们的现实需求,同时避免了种植的烦琐和劳力付出,生产是季候性的,消费却是终年的事情。当作为"地方性知识"的传统生计消费简单性和天然性遭遇资本全球

---

① 向家宇:《贫困治理中的农民组织化问题研究》,华中师范大学 2014 年博士学位论文。

② 邓大才:《社会化小农动机与行为》,《华中师范大学学报(人文社会科学版)》2006 年第 5 期。

③ 向家宇:《贫困治理中的农民组织化问题研究》,华中师范大学 2014 年博士学位论文。

化的裹挟，家用轿车、高档家电、智能手机等高档消费品冲击着人们的生活方式和审美判断，个体的消费选择成为身份认同的标准，被深深地卷入到了现代消费主义文化之中，大家在相互攀比中感受着再也回不去的怀旧时代伤感的乡愁。

齐格蒙特·鲍曼（Zygmunt Bauman）在《共同体》一书中指出资本全球化超越了民族国家的限制，使人们享有更多的消费自由，消费自由不仅仅具有经济交往的意义，同时带来更深层次的结构性影响。通过外部产业项目的引入可以刺激消费，缓解农户面对消费社会带来的恐惧和不安，但在根据自己的偏好和欲望选择消费方式和对象时，也削弱了民族国家的稳定结构和功能，将民族国家推向充满不确定性的市场。[①] 人类学家马歇尔·萨林斯（Marshall Sahlins）为我们展现了他们丰裕而闲适的生活状态，猎人们并不对匮乏感到恐惧或萦绕于心，[②] 远离了文明中心及其周边，以至于未曾遭受全球化文明演进的影响。而"发展"则仅在所谓"文明"的前行中才真正出现，进入到市场化、工业化与全球化的时代，对中国社会的各个层面都产生了深刻的影响。[③]

[①] 齐格蒙特·鲍曼：《共同体》，欧阳景根译，江苏人民出版社 2003 年版，第 77 页。

[②] 马歇尔·萨林斯：《石器时代经济学》，张经纬等译，生活·读书·新知三联书店 2009 年版，第 56—62 页。

[③] 方劲：《"丰裕"与"贫困"视野下的苗族消费文化——对滇东一个苗族社区的调查》，《重庆科技学院学报（社会科学版）》2009 年第 2 期，第 76—77 页。

　　费孝通先生在《云南三村》一书的《禄村农田》中提出"消遣经济"（Economy of recreational）这一概念，在"消遣经济"中，减少劳动，减少消费，得以产生闲暇。消遣和消费的不同在这里：消费是以消耗物资来获取快感的过程，消遣则不必消耗物资，所消耗的不过是一些空闲的时间。①在《乡土重建》一书的《中国社会变迁中的文化结症》这篇文章里提出"匮乏经济"（Economy of scarcity）和"丰裕经济"（Economy of abundance）这两个概念，他描述在中国乡村社会普遍存在着一种"匮乏经济"，这正好和工业社会处境中的"丰裕经济"相对照，在"匮乏经济"中劳力较为充足，但主要受到土地资源的限制，没有其他可以吸收劳力获得报酬的机会，知足常乐是最重要的生活态度，应对有限的土地资源，欲望以知足为最低限度。在"丰裕经济"中，人们既有足够的劳力也有利于吸收劳力获得报酬的机会，在"丰裕经济"中所维持的精神是追求物质财富的极大丰富"无餍求得"，是以"己"为中心的价值观念，追求欲望的满足。②勤劳的洼村农户的生活态度是在农业生产的"匮乏经济"中一方面勤劳耕作，一方面勤俭持家，在温饱的基础上应对有限的各种资源消费，年轻人可以外出打工挣钱消费，但随着年龄的增长，体力的衰减，对

---

① 费孝通、张之毅：《云南三村》，社会科学文献出版社 2006 年版，第 113 页。
② 费孝通：《中国社会变迁中的文化症结》，载《费孝通文集》第四卷，群言出版社 1999 年版，第 302 页。

现代社会生活的要求并不是在"丰裕经济"中通过物质消费获得身体上的享受和愉悦，而是进入一种力所能及的干完农活，享受天伦之乐的"消遣经济"中，通过减少欲望获得生活的某种平衡，使身心有了一种闲暇，农民们企望的是"过日子"，不是"enjoy life"。① 在寻找生活的意义和人生价值中，土地是不能割舍和离弃的，平淡日子的知足常乐里对致富的追求可能并不是他们生活的全部。洼村三队的 ZHY 老两口带着孙子在院子里吃早饭，晒太阳，笔者走进院子首先映入眼帘的是新盖的三间砖房，铝合金的窗子，贴着瓷砖的墙，屋顶一溜红瓦覆盖，显得格外敞亮气派，笔者问今年已经 66 岁的女主人："家里就你们三口人，怎么又起了这三间大房子呀？"女主人拉着笔者的手边让笔者进来看边介绍这房子说："你看么，我两个儿子么，中间这给大儿子住，右边这间给小儿子住，大儿子三个娃，就盖得大点，小儿子一个娃，我们带的这个碎娃就是，小儿子人口少，就盖得小了一点，左边这间是厨房，回来他们可以自己做饭。两个儿子都在城里打工着呢，现在基本上一年就回来一次，3 月份天气暖和了出去，冬天天气冷了才回家，每年有 8 个月在外面。以前工地上干活一天给 50 块钱，后来涨到 150 块钱，今年儿子说涨到 200 块钱了，等再挣几年钱，年纪大了，老了打不动工了，还要回来村里呢，

---

① 费孝通、张之毅：《云南三村》，社会科学文献出版社 2006 年版，第 112 页。

儿子也说在外面打工不长久，身体熬不住，回来家里把牛棚、羊圈再修修，养上点牛和羊，生活过得也好呢，落叶都要归根呢，把房子盖好，娃们以后回来住下，还要给我们养老送终呢么。"①

费孝通先生在《乡土中国》一书中对中国农村文化作了最简洁、精准而全面的表述。农村是扎根于土地的乡土社会，是靠土地谋生的自给自足的生存经济。在乡土社会，土地是财富的象征，是人们的衣食父母，因此人们安土重迁，以世代定居为常态，以人口迁移为变态，视土地为神圣，颂其厚德载物；由于靠天吃饭、经济窘迫，在日常生活中养成勤劳节俭的品格；在农村，人们关于作物生长、节气转换、施肥播种、除草犁地等各方面经验知识都源于实践经验，口口相传，这强化了老人在乡土社会的重要性；由于农事活动的劳力投入，需要分工合作，农民重子嗣，养儿防老；人们聚村而居，通过礼物馈赠渡过难关，维持相对稳定的社会关系网络，养成他们讲人情、勤来往、重面子的品质。显然，农村社会的生活习俗、节日仪礼、社会交往、时间认知等文化要素共同构成了一个整合的系统，这一系统与他们的生计、生活方式密切相关。在洼村，年纪较大的村民仍旧保持着农村传统的生活方式，而年青一代的农民，普遍已经失去了对乡土的依恋和对农民身份的认同，如果一种新的文化价值没有年青

---

① 报道人，MJL，女，61岁，洼村村民；访谈时间：2021年3月10日；访谈地点：报道人家里。

一代的主体参与，不是从该群体的社会实践与行为内部产生形成，那么它们能不能内化为塑造村民行为的逻辑？文化不仅是内在内生的，而且是整体整合的。当进城务工只是农民增收的途径而不是生存的必需，使进城务工成为村民的自主选择，可以让返回乡土的村民能够"甘其食、美其服、安其居、乐其俗"，使乡村成为村民乐于生活的活动空间，有熟人社会，有身心安顿的生活，扎根乡土，在乡土社会重建安身立命的乡村共同体，一个新的乡村共同体、一种新的农村文化也许像随风的种子漫无目的地飘落、生根发芽并逐渐成长，它将是自发自足的，而不是外界强加的，是自信的而不是自卑的，是有机的而不是机械的。

实际上，从人类学的视角，任何乡村的重建和振兴，其核心是意图恢复乡村的生机，让村落更加活化，在空间重构的基础上实现乡土文化资源保护与经济社会发展的双赢途径，让乡村开发和振兴回到以人为出发点、文化主体性为理念，使乡村建设更加符合人性的发展。①

发展不仅仅意味着村民的"在场"，而且意味着这种"在场"是村民自愿自发的要求，要以尊重村民的主体性和地方文化为重要原则。要解决发展问题，从短期产业帮扶效果看，产业项目是"及时雨"，取得的效果在改善村民生计、生活方式方面意义重

---

① 麻国庆：《乡村建设，实非建设乡村》，《旅游学刊》2019 年第 6 期，第 10 页。

大；但同时，从长期效果看，需要看到其深层次发展背后的文化原因，乡村振兴工作由上而观，它既是短期的也是长期的。立足于造成区域人口文化的发展，要将短期的项目发展和长期的文化繁荣紧密结合，并从以"人"为中心的角度出发，看到重视发展过程中微观意义上的发生机制。满足人的发展需求，通过外部环境的提供以及自我能力得到开发，才能在真正意义上激励村民持续地参与实践和实现自主发展的良性循环。依靠人的发展行为，培育农村人口的生产性和高效劳动行为，使其能够依靠自身实现自我发展。优化人的行为环境，不断为他们的发展创造空间，为需要照顾家庭而不愿意"远走"的农村人口，提供就业空间，或者拓展他们的生活空间，创造新的生活方式。稳住人的分工体系，随着西部地区的分工越来越明显，能够助益农村人口物质的丰盈。发展是一种文化过程，尊重西部地区村民的"地方性知识"，而这种考虑更主要是基于现代性框架之下的，同时要与村民的行动逻辑相协调，不能仅仅关注他们缺什么，更要关注他们在想什么，能做什么，这种模式体现了村民真正成为农村发展的主体来主导乡村的发展，才能真正实现乡土家园的重建和振兴。

西部地区乡村振兴还面临着其他一些现实问题和改革难题，将这些发展问题置于以人民为中心的发展理念下进行思考，其思想的演进方式不同于技术的进步方式，技术的创新始终要求探索者向前看，要不断突破旧技术的限制甚至抛弃旧的技术手段，而

思想的演进则往往需要在回首和反思中获得新的认知。回顾人类
致富奔小康的中国实践经验，对于我们有效实施乡村振兴战略的
各项政策措施，促进新发展格局的形成，无疑都具有非常重要的
理论启示和实践价值。

后　记

在 2018 年厦大的暖冬时节，本书初稿完成，并作为博士论文提交答辩，在答辩通过后的近两年时间里，又对一些章节作了修改和补充。本书付梓完成，应该喜出望外才对。然而，此时此刻的我，却喜忧参半。所喜者，经过 6 年多来民族学人类学的学习与摸索、焦虑与思考终于有了结晶；所忧者，拙作离导师的期盼与要求尚还有相当长的距离，难以使导师为学生骄傲。

"西北望乡何处是，东南见月几回圆。"首先，我要感谢的是我的导师张先清教授。2014 年，我怀着对学术研究的敬畏和追求，从西北边塞南下鹭岛厦门，蒙张老师不弃学术背景浅薄而忝列其门下，师从张教授研读。在厦大读博学习的四年来，张老师以广博的学识与宽广的胸襟、严谨的治学风范和深厚的学术涵养、高尚的人格魅力及敏锐的学术思辨启发、激励和鞭策我。在我的论文写作中，张老师从选题、开题、章节、架构、撰写到最后定稿，都给予了我精准提点和悉心指教，用人类学的语言和思维规范我，最终呈现出这本具有人类学味道的著作。在日常生活中，张老师从家庭、工作到事业，都给予了我无私帮助与通盘考虑。张老师谆谆教诲之情我难以忘怀，殷殷关怀之心我永远铭记。他始终以热情、开放的心态对待我的成长，容忍我的各种生活上和学术上的不足，让我明白今后还有很长的路要走，如何才能更独立更自信地走下去。我只能以严谨求学、勤恳工作、踏实做人和奋发图强来回报恩师的教诲之恩。

跨入厦门大学始，我有幸遇到很多良师益友，给了我很多无私帮助与鼓励指导。聆听每一位教授充满智慧和激情的讲授，是我一生最可宝贵的财富。人类学与民族学系的石奕龙教授、邓晓华教授、彭兆荣教授、王传超教授、张亚辉教授、杜树海教授、宋平教授、黄向春教授等均曾给予过我指导和帮助，对此我深表感激。论文能够最终完成，离不开答辩时和少英教授、刘昭瑞教授、郭志超教授、邓晓华教授、杜树海教授的批评指正与指导建议。同样，本书的完成也离不开北方民族大学民族学学院的领导和同事、驻村扶贫干部及洼村干部和村民的大力支持，尽管在此不能一一列举他们的名字，但是，借此一方天地，我要诚挚地感谢他们，没有他们的田野帮助，没有他们的资料提供，本书难以如此顺利完成。四年来，我体会到了同门的温暖，同门的师兄、师姐、师弟和师妹都在我的学习和生活中给予我鼓励和帮助，他们包括云鹤、王荟、兰婕、昀斓、李蕊、天静、仙芝、明月、利兵、武宏、巴责达、玮文、筱云、娜木汗、馨月、杨丹、韩馨等，为我的求学生涯去除了诸多烦恼与孤寂。还要感谢我的博士班同学们，孙瑾、水云、芳梅、晓芬、沐禾等，我们一起听课一起讨论，共同学习，共同成长。

感谢人民出版社负责编辑工作的赵圣涛老师，我们就书稿的修改事宜做了深入的交流，他睿智聪敏，以严谨专业的态度，提出整体的修改意见和建议，作为一个第一次出书的普通作者，能在人民出版社这样一个国内顶级出版社出书，能遇到这样专注学术的编辑，是我一生的荣幸和荣耀。

最后，我要感谢我的家人。感谢我的先生在繁忙的工作之余照顾孩子和家庭，全面操持家务，鼓励我安心学习，不要想家。感谢我的女儿乖巧懂事，自立自强，刻苦努力，是先生和女儿的支持让我有了可以长期在外求学的可能。此刻，我只想对他们说我的生活因你们而美好。父亲、母亲为我远隔千里的读书生活担心牵挂，时刻都在关注着我！感谢你们给予我一个温馨的家庭，感谢你们为我所付出的一切。现在我将尽我所能带给你们一个幸福祥和的晚年。

责任编辑：赵圣涛

封面设计：王欢欢

图书在版编目（CIP）数据

人类学视野下西部地区传统村落发展研究 / 王宏涛 著 . — 北京：
　人民出版社，2022.7

ISBN 978－7－01－024640－6

I.①人… II.①王… III.①村落－农村经济发展－研究－固原

　IV.① F327.435

中国版本图书馆 CIP 数据核字（2022）第 042048 号

人类学视野下西部地区传统村落发展研究

RENLEIXUE SHIYEXIA XIBUDIQU CHUANTONG CUNLUO FAZHAN YANJIU

王宏涛　著

人民出版社 出版发行

（100706　北京市东城区隆福寺街 99 号）

中煤（北京）印务有限公司印刷　新华书店经销

2022 年 7 月第 1 版　2022 年 7 月北京第 1 次印刷

开本：710 毫米 ×1000 毫米 1/16　印张：17.75

字数：300 千字

ISBN 978－7－01－024640－6　定价：89.00 元

邮购地址 100706　北京市东城区隆福寺街 99 号

人民东方图书销售中心　电话（010）65250042　65289539